Fach-
ratgeber
Klett-Cotta

Hilfe
aus
eigener
Kraft

JENS FLASSBECK

Ich will mein Leben zurück!

Selbsthilfe für Angehörige von Suchtkranken

Klett-Cotta

MIX
Papier aus verantwortungsvollen Quellen
FSC® C083411

Klett-Cotta
www.klett-cotta.de

Printed in Germany
Titelbild: © fotolia– Fiedels
Illustrationen: Sina Gruber
Gesetzt in den Tropen Studios, Leipzig
Gedruckt und gebunden von CPI – Clausen & Bosse, Leck
ISBN 978-3-608-86045-5

Vierte Auflage, 2021

Bibliographische Information der Deutschen Nationalbibliothek
Die Deutsche Nationalbibliothek verzeichnet diese Publikation
in der Deutschen Nationalbibliographie; detaillierte bibliographische
Daten sind im Internet über http://dnb.d-nb.de abrufbar

Schnelleinstieg

Inhalt

1 Hilflose Helfer brauchen Hilfe

Sucht betrifft viele, Co-Abhängigkeit alle anderen.

Als Angehörige eines Suchtkranken haben Sie es schwer. Sie leiden unter der verfahrenen Situation. Sie machen sich Sorgen um den Suchtkranken, schämen sich für sein Verhalten und sind aufgrund der scheinbaren Aussichtslosigkeit vielleicht schon mehr oder weniger verzweifelt. Die Ausfälle des Suchtkranken sind zusätzlich belastend. Die Verantwortung für alles, was er liegen lässt, lastet auf Ihren Schultern. Hinzu kommen Täuschungen, Manipulationen, Beschuldigungen oder Abwertungen seinerseits, die Sie ertragen müssen. Sie kennen keine Freizeit. Sie sind den Launen des Süchtigen alltäglich ausgesetzt.

Das ist rund um die Uhr stressig, schafft eine Menge Probleme und kann Sie im schlimmsten Fall krank machen. Sie verlieren sich und Ihre Maßstäbe im Engagement für den Suchtkranken und im ungewissen Auf und Ab des Alltags. Sie wissen nicht mehr, wo Ihnen der Kopf steht und was richtig oder falsch ist. Alles dreht sich nur noch um den Suchtkranken und die Frage, wie Sie ihm helfen können, damit er wieder Kontrolle über sich und sein Verhalten gewinnen kann. Ich nenne diesen Zustand, den Sie als Angehörige erleben, auch »ER statt ICH«. Ihr Gefühl für sich selbst geht nach und nach im Strudel seiner Sucht verloren, zerfleddert und löst sich auf. Sie sind als Angehörige auch betroffen. Ihre Mit-Betroffenheit wird Co-Abhängigkeit genannt.

Verstrickungen. Der Begriff »Angehörige« wird in diesem Ratgeber für alle Personen genutzt, die in einem näheren und helfenden Kontakt zu einem Suchtkranken stehen. In diesem Sinne betroffen können viele sein: Kinder, Eltern, Partner, Geschwister, Freunde, Nachbarn, Arbeitskollegen, Pastoren, Lehrer, Trainer, Ärzte, Sozialarbeiter, Psychologen oder auch Suchthelfer. Der Suchtkranke braucht Ihre Hilfe, das sei hier nicht infrage gestellt. Wenn aber Ihre Balance zwischen gesunder Abgrenzung und Abstandhalten auf der einen Seite und Zuwendung und

Unterstützung auf der anderen Seite aus dem Gleichgewicht gerät, dann verstricken Sie sich. So unterschiedlich die Personengruppen sind, so verschieden können die Verstrickungen ausfallen, was ich Ihnen einführend kurz anhand einiger typischer Beispiele aufzeigen möchte:

- *Partner* sind vollkommen erschöpft, weil sie sich rund um die Uhr um den Haushalt, die Kinder, das Geldverdienen und nicht zuletzt um den Suchtkranken sorgen und die ungünstigen Folgen der Sucht ausbaden.
- *Eltern* (auch Großeltern, ältere Geschwister, Tanten oder Onkel) suchtgefährdeter Jugendlicher oder suchtkranker erwachsener Kinder engagieren sich, getrieben von Schuldgefühlen, in übermäßig »bemutternder« Art und Weise um das Nicht-mehr-Kind.
- *Kinder* in Suchtfamilien entwickeln häufig entweder Verhaltensauffälligkeiten und Entwicklungsstörungen, oder aber sie passen sich übermäßig an, um nicht aufzufallen. Sie übernehmen viel zu früh, viel zu viel Verantwortung. Durch die Tabuisierung des Themas sowie die Schamgefühle und Sprachlosigkeit der Kinder erfährt niemand von ihren Belastungen und Traumata.
- *Erwachsene Kinder* aus Suchtfamilien leiden häufig noch viele Jahre später in vielschichtiger Form an posttraumatischen Folgeschäden. Die in der Kindheit verinnerlichte Sprachlosigkeit, das stille Leiden, die Isolation und Entfremdung können bei ihnen ein Leben lang fortdauern.
- *Geschwister* werden vernachlässigt, weil sich alles nur um das suchtkranke oder suchtgefährdete Geschwisterkind dreht. Nicht selten werden sie darüber hinaus in die schuldmotivierte Hilfe einbezogen.
- Besorgte *Freunde* oder *Nachbarn* wollen gerne helfen und verstricken sich hilflos in die familiären Probleme.
- *Lehrer* sorgen sich mit viel Herz, aber unüberlegt, um suchtgefährdete Schüler und übersehen die Grenzen ihrer Berufsrolle.
- *Seelsorger* kümmern sich im diakonischen Einsatz um Suchtkranke der Gemeinde und bemerken nicht, dass die Familie des Betroffe-

nen, der Rest der Gemeinde, die eigene Familie und der Kontakt zu Gott zu kurz kommen.

- Ambitionierte *Trainer* werden für suchtgefährdete Sportler – typischerweise eine Magersüchtige – zur rettenden Ersatzelternfigur und vergessen darüber die eigene Familie und den Rest der Trainingsgruppe.
- *Suchthelfer* (Pfleger, Erzieher, Sozialarbeiter, Psychologen oder Ärzte) kümmern sich mit weltrettendem Eifer um suchtkranke Klienten, gehen eine private Beziehung zu ihnen ein oder landen im Extremfall sogar im Bett mit ihnen.

Haben Sie sich in der Auflistung wiedergefunden? Diese ist bei Weitem nicht erschöpfend. Es kann sein, dass Ihr Fall etwas oder ganz anders aussieht. Denn Co-Abhängigkeit ist nicht gleich Co-Abhängigkeit. So vielfältig die Mit-Betroffenheit sein kann, es gibt dennoch eine Schnittmenge, die Sie und alle aufgezählten Fälle vereint: Der Suchtkranke erfährt auf der einen Seite eine Menge Aufmerksamkeit und Sorge durch Sie und andere. Sie als Angehörige erfahren auf der anderen Seite komplementär einen Mangel an Zuwendung und Beachtung. Das bedeutet auch, dass Ihr Selbstkontakt und Ihre Selbstfürsorge als Angehörige womöglich gemindert sind. Dieses Ungleichgewicht in der Beachtung ist der zugrunde liegende Kernprozess von Verstrickungen.

Übermäßige Verantwortung. Der amerikanische Wissenschaftler Marc A. Schuckit (1994) hat herausgefunden, dass Töchter mit mindestens einem suchtkranken Elternteil ein deutlich erhöhtes Risiko haben, im späteren Leben als Erwachsene eine Beziehung zu einem Suchtkranken aufzunehmen. Söhne können im Einzelfall auch betroffen sein, ihr Risiko ist aber statistisch betrachtet nicht erhöht. Die co-abhängige Rolle wird folglich vor allem in einer weiblichen Linie als psychologisches Erbe von Generation zu Generation weitergereicht. Es ist also wahrscheinlich, dass Sie, liebe Leserin, als an der Thematik Interessierte eine Frau sind.

Erst müssen die betroffenen Mädchen als Kinder viel zu früh jede

Menge Verantwortung für die Ausfälle ihrer suchtkranken Eltern übernehmen. Danach zeigen sie als erwachsene Frauen das gleiche übermäßige helfende Engagement für die suchtkranken Partner. Schließlich können sie als Mütter bei den eigenen (süchtig und co-abhängig gefährdeten) Kindern die Bürde der grenzenlosen Zuständigkeit und Fürsorglichkeit nicht mehr ablegen. Aus dem unersättlichen Bedürfnis nach Bestätigung, gebraucht zu werden ergreifen die betroffenen Frauen darüber hinaus nicht selten einen helfenden Beruf, z. B. als Erzieherin, Krankenschwester oder Suchthelferin. Die übermäßige Verantwortungsübernahme und das damit zusammenhängende abhängige Bedürfnis, gebraucht zu werden, sind Neigungen, die alle Menschen vereint, die sich in der Beziehung zu einem Suchtkranken und in ihrem helfenden Engagement für diesen verstrickt haben.

Weil überwiegend Frauen als Töchter, Partnerinnen und Mütter im Kontakt zu mehrheitlich männlichen Suchtkranken, also Vätern, Partnern und Söhnen, betroffen sind, wird in diesem Ratgeber eine geschlechtsspezifische Wortwahl genutzt: die Angehörige und der Suchtkranke. Es gibt immer Ausnahmen von der Regel. Selbstverständlich können sich auch Männer in der Beziehung zu einer suchtkranken Frau oder Väter in der Sorge um eine suchtgefährdete Tochter übermäßig engagieren. Falls Sie, lieber Leser, also ein Mann sind, nehmen Sie mir meine geschlechtsspezifische Wortwahl nicht übel und lesen Sie weiter. Sie sind selbstverständlich mitgemeint.

Selbsthilfe. Jeder, der einen näheren Kontakt zu einem Suchtkranken hat und helfen möchte, wird sich mehr oder weniger in die süchtige Problematik verstricken und darüber Stress erfahren. Es kommt, das ist meine Überzeugung, nicht darauf an, jegliches Engagement zu vermeiden und jeglichem Stress aus dem Weg zu gehen. Suchtkranke brauchen unsere Hilfe. Als Suchttherapeut kämpfe ich mit Herz und Leidenschaft darum, suchtkranken Menschen zu helfen. Der Stress lohnt sich. Doch Sie als helfende Angehörige und auch ich als professioneller Helfer benötigen ebenfalls Hilfe, falls wir uns problematisch verstricken. Darum genau geht es hier ausschließlich. Selbsthilfe ist die beste Hilfe.

Darin möchte Sie dieser Ratgeber solidarisch anregen, stärken und begleiten.

Es wird Ihnen eine Fülle von Inhalten, Sichtweisen, Anstößen, Kompetenzen und Strategien an die Hand gegeben, die Sie unterstützen sollen, spezifische Probleme, Belastungen und Verstrickungen im Zusammenleben mit einem Suchtkranken zu erkennen, abzumildern und aufzulösen. Der kämpferische Titel des Ratgebers, »Ich will mein Leben zurück!«, gibt dabei die Zielrichtung vor. Es geht darum, dass Sie sich nicht zu sehr in der Hilfe verlieren und das eigene Lebensgefühl erhalten oder zurückgewinnen.

Die Inhalte und Strategien sind aus meinem integrativen Konzept der Co-Abhängigkeit und dem darauf basierenden Therapiekonzept der angehörigenzentrierten Behandlung abgeleitet (Flassbeck, 2013 a, 2013 b, 2010). Das Therapiekonzept basiert auf einer Kombination des personzentrierten Ansatzes nach Carl Rogers, in Deutschland auch unter dem Begriff Gesprächspsychotherapie bekannt, und verhaltenstherapeutischen Techniken und Methoden. Vor allem jedoch beruhen alle Empfehlungen dieses Selbsthilfebuches auf meiner praktischen Arbeit mit betroffenen Angehörigen. Das meiste, was ich über die Angehörigenproblematik weiß, habe ich von Betroffenen selber lernen dürfen. Alle Ratschläge und Anregungen haben sich in der Beratung und Therapie als hilfreich und nützlich erwiesen. Für alles, was ich von den Betroffenen lernen durfte, bin ich dankbar und möchte es gerne an Sie weitergeben.

Was kann dieses Buch nicht? Das Lesen des Ratgebers erspart Ihnen nicht, eigene Entscheidungen zu treffen, für sich aktiv zu werden und eigene Erfahrungen zu sammeln, was Ihnen hilft und was nicht. Es erspart Ihnen nicht, konkrete, individuelle und passgenaue Lösungen Ihrer Situation zu finden, kreativ und tatkräftig umzusetzen und anzupassen. Es erspart Ihnen obendrein nicht, sich durch andere vertraute Menschen helfen zu lassen. Und falls Sie mit Ihrer Situation überfordert sind, Sie allein dastehen oder psychisch erkrankt sind, erspart es Ihnen nicht den Gang in eine Selbsthilfegruppe, zur Beratungsstelle oder zum Psychotherapeuten. Sollten Sie im Übrigen schon in einer Hilfemaßnahme sein oder eine solche beginnen wollen, kann Sie der Ratgeber unterstützen, die Beratung oder Therapie noch besser zu nutzen. Darüber hinaus richtet sich der Ratgeber an Moderatoren von Selbsthilfegruppen, Suchtberater und -therapeuten. Er bietet eine explizite Anleitung zu einer qualifizierten und differenzierten Angehörigenarbeit und eine implizite Anleitung zur Psychohygiene von Suchthelfern in der Arbeit mit einer schwierigen Klientel.

Gesichter der Sucht. Ein Hinweis noch vorweg zur Verwendung der Begriffe »Suchtkranker« und »Süchtiger«. Suchtkranke haben in diesem Buch eine für sie ungewohnte Rolle, sie sind nebensächlich. Zudem kommen sie oftmals nicht gut weg. Bitte verstehen Sie mich nicht falsch. Es gibt viele Suchtkranke, die ihre Sucht überwunden und hinter sich gelassen haben. Sie verdienen für diese Leistung unseren ganzen Respekt. Es gibt auch eine Menge Menschen mit Suchtproblemen, die noch mit sich und ihrer Problematik am Kämpfen sind und die zweifelsfrei unser liebevolles und anpackendes Engagement brauchen. Aber darum genau geht es hier nicht. Es geht solidarisch um Sie als Opfer der süchtigen Eskapaden, Manipulationen, Abwertungen und Übergriffigkeiten. Süchtige sind leider nicht selten auch Täter. Diese uneinsichtige, negative und unsoziale Beschaffenheit der Sucht wird in diesem Buch mit dem Ausdruck »Süchtiger« markiert. Sonst wird der neutrale Begriff »Suchtkranker« verwendet. Sucht ist gleichermaßen eine Krankheit, die Hilfe benötigt, aber auch eine Zumutung für die Angehörigen, die ebenfalls Solidarität, Zuwendung und allzu häufig auch Hilfe und Schutz benötigen.

Verstrickungen entstehen unabhängig vom Suchtmittel oder Suchtverhalten des Suchtkranken. Zweifelsohne können sich die Folgen verschiedener Suchtstörungen im Konkreten unterscheiden. Z. B. können die schädlichen Folgen von Alkoholsucht und Spielsucht durchaus differieren (eher körperlich bei Alkohol und eher wirtschaftlich bei Spielsucht) und in den Folgen für Sie als Angehörige einen Unterschied machen. Doch die Suchtfolgen haben unabhängig vom Suchtmittel oder -verhalten eine große Schnittmenge, und der Sog der süchtigen Selbstzerstörung ist für Sie als Angehörige stets derselbe. Da es hier allein um Sie und Ihre Mit-Betroffenheit geht, spielen die Suchtmittel und Suchtverhaltensweisen keine besondere Rolle. In Beispielen kann die Rede von Alkoholkonsum, Medikamentenkonsum, Drogenkonsum, Glücksspiel oder Magersucht sein. Sie sind aufgefordert, dann bitte die Parallele zu Ihrem Fall zu ziehen.

Aktiv werden. Kann es sein, dass der Suchtkranke die Krankheit überwunden hat, Sie als Angehörige aber in Ihren co-abhängigen Erlebens- und Verhaltensmustern gefangen bleiben? Ja, das ist gut möglich. Verstrickungen können ausschließlich dort entstehen, wo Sucht besteht. Aber Co-Abhängigkeit kann Jahre oder im Fall von Kindern aus Suchtfamilien sogar Jahrzehnte fortbestehen, obwohl der Suchtkranke geheilt oder der Kontakt zum Suchtkranken beendet ist. Die Überwindung von Co-Abhängigkeit ist ein eigener, unabhängig vom Heilungsprozess des Suchtkranken ablaufender Entwicklungsprozess. Gleichgültig also, ob in Ihrem Fall der Suchtkranke noch uneinsichtig seiner Sucht nachgeht, um Abstinenz ringt oder die Sucht schon überwunden hat, es lohnt sich, dass Sie für sich aktiv werden.

Dieser Ratgeber ist auch ein Arbeitsbuch. Allein das Lesen von Texten schafft keine Veränderung. Es werden Ihnen deswegen immer wieder kleine Aufgaben gestellt (Aktionskästchen), damit Sie aktiv werden und ins Handeln kommen. Co-Abhängigkeit ist durch schicksalergebenes Reagieren gekennzeichnet. Sie fühlen sich mehr oder weniger der Sucht und ihren Folgen ausgeliefert. Aus der Nummer sollen Sie heraus. Sie sollen das Heft des Handelns wieder in die Hand nehmen. Nur durch tatkräftiges und gezieltes Handeln können Sie wieder Unabhängigkeit gewinnen. Aller Anfang ist schwer. Durch die Aufgabenstellungen können Sie sich im Kleinen üben, Mut sammeln und sich auf den Weg machen, Lösungen zu finden und Ihr Leben zurückzugewinnen.

Zum Aufbau dieses Ratgebers

Dieser Ratgeber bzw. dieses Arbeitsbuch bietet Ihnen inhaltlich Folgendes:

1. Im zweiten Kapitel werden Ihnen verschiedene *Formen und Schweregrade der Mit-Betroffenheit* vorgestellt und in typischen Fallgeschichten illustriert. So können Sie einen Überblick über die Problematik gewinnen. Mithilfe des zweiten Kapitels, aber vor allem auch der *Checkliste* im dritten Kapitel können Sie das Ausmaß Ihrer Verstrickungen einstufen und beurteilen.
2. Im vierten Kapitel werden Sie über *Ursachen, Bedingungen und Zusammenhänge* der Angehörigenproblematik informiert. Das soll Sie unterstützen, Ihre Situation zu analysieren und klarer zu durchschauen.
3. Das fünfte und sechste Kapitel sind die Kernstücke des Ratgebers. Hier wird Ihnen aufeinander aufbauend eine Fülle an *Kompetenzen* und *Strategien* nahegebracht, sich und Ihre Situation besser wahrzunehmen, sich zu befreien und Ihr Leben wieder in die Hand zu nehmen.
4. Im siebten Kapitel werden Ihnen Hilfeangebote in *Selbsthilfe, Bera-*

tung und Therapie vorgestellt, und Sie können überprüfen, ob und welche fachliche Unterstützung für Sie geeignet und hilfreich sein könnte. Drei Kapitel mit einer resümierenden Erzählung, Internetadressen und Literaturempfehlungen für Angehörige runden das Buch ab.

Auch hilflose Helfer brauchen Hilfe. Das ist die lebensbejahende Maxime dieses Ratgebers. Solidarische Hilfe stößt Veränderung, Lernen, Entwicklung und Wachstum an. Das ist ein spannendes Abenteuer. Ich wünsche Ihnen dabei viel Mut, Zuversicht, Beharrlichkeit und auch Freude daran, sich auszuprobieren, Erfahrungen zu sammeln und sich und Ihr Leben zurückzugewinnen.

2 Wie Sie betroffen sein können

Verstrickungen werden im Rausch von Hoffnung und Enttäuschung geboren.

Können Sie in drei oder auch fünf Sätzen beschreiben, was Sucht ist? Natürlich nicht, denn Sucht ist eine komplexe und komplizierte Angelegenheit. Das Gleiche trifft auch auf die Angehörigenproblematik der Sucht zu. Co-Abhängigkeit ist nicht gleich Co-Abhängigkeit. Verschiedene Personengruppen können betroffen sein, und das Ausmaß kann von bloßer Betroffenheit über problematische Belastungen und Verstrickungen bis hin zu unterschiedlichen psychischen Erkrankungen variieren. In diesem Kapitel möchte ich Sie über die vielfältigen Erscheinungsformen der Mit-Betroffenheit von Angehörigen informieren. Durch Fallgeschichten werden Ihnen die Inhalte illustriert.

Eine eher abstrakte und wissenschaftliche Definition möchte ich Ihnen vorweg zumuten: Co-Abhängigkeit ist ein vielschichtiges individuelles, soziales, institutionelles und gesellschaftliches Phänomen. Sucht und Co-Abhängigkeit können als zwei Seiten ein und derselben Medaille der Abhängigkeit angesehen werden. Sucht und Co-Abhängigkeit sind die zwei bestimmenden Elemente des abhängigen sozialen Systems. Da, wo jemand süchtig ist, gibt es immer Angehörige, Kinder, Freunde, Kollegen oder andere, die sich in der Hilfe des Suchtkranken mehr oder weniger verstricken. Sucht ist die Voraussetzung für Co-Abhängigkeit, und Co-Abhängigkeit begünstigt Sucht. Beiden Phänomenen liegt dieselbe abhängige Dynamik zugrunde, und erst in der Wechselwirkung entsteht zwischenmenschliche Abhängigkeit.

Genauso wie ein Suchtmittelkonsum oder eine Suchtverhaltensweise einen Menschen mehr oder weniger beherrschen kann, können Sie als Angehörige mehr oder weniger verstrickt sein. Folgende Formen oder Ausmaße der Mit-Betroffenheit können unterschieden werden:

1. *Kontrolle / Risiko:* Im Kontakt zu einem konsumierenden bzw. berauschten Suchtkranken haben Sie im Prinzip nur zwei gegensätzliche Möglichkeiten zu reagieren: Sie können entweder helfen oder sich distanzieren. Gewöhnlich werden Sie mal so und mal so reagieren, sodass Sie eine gute persönliche Balance halten und die Kontrolle über sich und die Situation wahren. Es besteht allerdings stets das Risiko, dass Sie Ihr inneres Gleichgewicht verlieren und sich übermäßig engagieren.
2. *Verstrickung:* Das Zusammenleben mit einem Suchtkranken ist belastend und leidvoll. Die Zerstörungswut der Sucht bringt vielerlei Folgeprobleme mit sich. Im Stress des Alltags können Sie sich verlieren und verstricken.
3. *Krankheit:* Über den Stress und die Folgen können Sie co-abhängig erkranken. Überdies tritt Co-Abhängigkeit nicht selten als Doppeldiagnose in Kombination mit anderen psychischen Störungen auf.

Zwei weitere, spezielle Formen der Betroffenheit sind zu ergänzen und werden Ihnen ebenfalls in diesem Kapitel vorgestellt:

4. *Kind in / aus Suchtfamilie:* Ein besonders gravierender Fall der Mit-Betroffenheit sind die vielschichtigen Belastungen und Beeinträchtigungen von Kindern in Suchtfamilien sowie die komplexen Traumafolgestörungen erwachsener Kinder aus Suchtfamilien.
5. *Institutionelle Verstrickung:* Schließlich hat Co-Abhängigkeit eine institutionelle und gesellschaftliche Ebene: Ganze Familien, Freundeskreise, Vereine, Betriebe oder Einrichtungen können sich in der Hilfe und Tabuisierung der Sucht von einem oder mehreren Suchtkranken verstricken.

2.1 Das Leben mit einem Suchtkranken ist riskant

Sucht ist verbunden mit einem sehr eingeschränkten Handlungsspielraum. Der Süchtige ist fixiert auf das Suchtmittel oder das Suchtverhalten. Er geht der Sucht nach, ist berauscht oder mit der Beschaffung von Rauschmitteln beschäftigt. Das soziale Umfeld wird gewöhnlich im Sinne der süchtigen Absichten manipuliert. Und jeder Suchtkranke ist innerlich zerrissen, der Fachmensch spricht von Ambivalenz. Er möchte gerne aufhören, aber er möchte auch gerne weitermachen. Sie kennen diese Zerrissenheit: »Morgen höre ich auf, versprochen!«

Abgrenzen oder helfen? Durch diese wiederkehrenden Verhaltensmuster und die suchtkranke Zerrissenheit ist Ihr Kontakt als Angehörige zum Suchtkranken ebenso widersprüchlich eingeschränkt. Auf die Äußerungen des Suchtkranken, aufhören zu wollen, reagieren Sie mit dem freudigen Wunsch, ihn dabei unterstützen zu wollen. Der Konsum und die unangenehmen berauschten Verhaltensweisen lösen bei Ihnen dahingegen eine Reihe negativer Gefühle aus: Befremden, Widerwillen, Ekel, Scham, Ängste, Ärger oder Ohnmacht. Die positive Wirkung des Rausches kann bei Ihnen insgeheim Neugier oder Neid hervorrufen, sich auch mal berauschen und alles vergessen zu wollen. Auf die süchtigen Manipulationen reagieren Sie typischerweise wechselweise mit Freude und Hoffnung, wenn Sie darauf hereinfallen, oder Ärger und Enttäuschung, wenn Sie bemerken, dass Sie hereingefallen sind.

Sie können erkennen, dass Ihre möglichen Reaktionen in Abstand nehmende, abgrenzende wie auch annähernde, helfende Verhaltensweisen aufgeteilt werden können. Annähernde Verhaltensweisen sind vor allem durch Hoffnung und Helfenwollen motiviert und tragen stets ein co-abhängiges Risiko in sich. Auch eine Gefährdung zum Suchtmittelmissbrauch ist festzuhalten. Nicht wenige Angehörige nehmen den Suchtkranken zum Vorbild und fangen selber an, Suchtmittel zu gebrauchen, um vom Stress abzuschalten und alles zu vergessen. Gewöhnlich stehen die annähernden Verhaltensweisen in einer gesunden Balance mit den abgrenzenden Verhaltensweisen, sodass das Risiko nicht zur Entfaltung kommt. Wenn allerdings die Balance einseitig kippt, indem Sie – aus welchen Gründen auch immer – die Abstand nehmenden Verhaltensweisen vernachlässigen, können Sie im Kontakt zum Suchtkranken eingeschränkte, übermäßige und unflexible helfende Gewohnheiten entwickeln und sich mehr oder weniger problematisch verstricken.

Fragen Sie sich bitte, wie eingeengt und unflexibel Sie sich im Zusammensein mit dem Suchtkranken fühlen. Wie sehr unterdrücken Sie Ihre unzufriedenen, ärgerlichen und widerstrebenden Gefühle und Ihre Bedürfnisse nach gesundem Abstand? Haben Sie ihm zuliebe oder aus falscher Hoffnung schon auf Ihnen eigentlich wichtige Dinge verzichtet? Wie hoch ist Ihre Gefährdung, sich in der Hilfe zu verlieren?

2.2 Stress rund um die Uhr

Es ist eine große Herausforderung, den Alltag im Kontakt und in der Hilfe zu einem Süchtigen zu meistern, gleichgültig, ob Sie als Elternteil, Partner, Kind, Geschwisterkind, Freund, Nachbar, Arbeitskollege oder professioneller Helfer betroffen sind. Es ist, metaphorisch ausgedrückt, wie der berühmte Wagen im Morast, wie eine Gratwanderung, wie ein Parcoursritt oder wie Sisyphusarbeit.

Ein Süchtiger, der uneinsichtig und unerreichbar mitten in seiner Sucht drinsteckt, hat weitgehend die Kontrolle über sich und sein Verhalten verloren. Je nach Schwere der Abhängigkeit verhält er sich von außen betrachtet irrational, unzuverlässig und widersinnig. Er manipuliert und täuscht Sie. Mit dem Fortschreiten der Sucht fällt er außerdem mehr und mehr aus. Er vernachlässigt sich, seine Aufgaben und Angelegenheiten und Sie wie auch sein sonstiges soziales Umfeld. Er verspricht viel und hält wenig. Er ist nie um Ausreden oder Rechtfertigungen verlegen. Sobald Sie versuchen, mit ihm ein ernstes Wort zu sprechen, weicht er aus, schmeichelt Ihnen, lügt Sie an, wird ausfallend, abwertend oder aggressiv oder droht mit Konsequenzen bis hin zum Selbstmord. In seinen Augen tragen Sie stets Schuld an seinem Konsum und an allem anderen.

Was heißt das für Sie als Angehörige? Sie leiden unter den vielschichtigen, negativen Folgeerscheinungen seines Suchtkonsums oder -verhaltens. Der Süchtige entzieht sich der Realität und der negativen Konsequenzen seines Verhaltens durch Rausch, Betäubung und Breitsein. Sie hingegen sind den Suchteskapaden rauschlos, bei vollem Bewusstsein ausgeliefert. Obendrein provoziert und missbraucht der Süchtige schonungslos Ihre Schwächen. Jeder, der mit einem Suchtkranken konfrontiert ist, kommt schnell an seine Grenzen. Je nachdem, wie nahe Sie ihm stehen und wie sehr Sie sich in der Hilfe schon verstrickt haben, haben Sie eine Menge Stress. Der Stress kann praktischer, emotionaler und sozialer Art sein.

1. Stress durch die Fürsorge für den Suchtkranken

Der Suchtkranke ist Ihnen eine Last wie eine Kombination aus verwöhntem Kind, jugendlichem Delinquenten und übellaunigem Schwerstpflegefall. Er ist krank und braucht Ihre Hilfe. Sie kümmern sich, wenn er in die Ecke kotzt oder suchtbedingte Unfälle passieren. Sie versuchen ihn zu überzeugen, den Konsum zu reduzieren und eine

Therapie zu beginnen. Sie baden die negativen und unangenehmen Folgen der Sucht aus, z. B. zahlen Sie suchtbedingte Schulden ab, müssen das Abwenden von Freunden verkraften oder den Verlust von sozialem Status hinnehmen. Und als Dank für Ihr freundliches Engagement sind Sie möglicherweise noch den Abwertungen, Entgleisungen oder Übergriffigkeiten des Süchtigen ausgesetzt.

2. Stress durch den Ausfall des Suchtkranken

Sie übernehmen nach und nach immer mehr Aufgaben, die der Suchtkranke krankheitsbedingt zunehmend unerledigt lässt oder nicht mehr schafft. Das berühmte »bisschen Haushalt« muss geführt werden, putzen, kochen, waschen, reparieren usw. Die Kinder sind zu versorgen und zu erziehen. Das Geld für das tägliche Leben muss verdient werden, wenn der Suchtkranke suchtbedingt arbeitslos ist. Die behördlichen, finanziellen und sonstigen Angelegenheiten müssen erledigt werden. Sie haben als Angehörige im Extremfall einen zusätzlichen 450-Euro-Job, damit das Geld reicht, oder kümmern sich noch um pflegebedürftige Eltern.

3. Stress durch die emotionale Achterbahn

Sie erleben als betroffene Angehörige 24 Stunden am Tag eine Achterbahn der widerstreitenden Gefühle. Ihr Alltag ist eine ständige Berg-und-Tal-Fahrt aus Hoffnungen und Enttäuschungen. Euphorische Gefühle und freudige Hoffnung erleben Sie dann, wenn der Suchtkranke Ihnen (mal wieder) beteuert, dass er morgen aufhören wird. Spätestens wenn Sie ihn wieder erwischen, wechseln Sie gefühlsmäßig ins andere Extrem: Ohnmacht, Verzweiflung, Wut, Scham, Angst, Trauer, Überforderung und Erschöpfung sind alles Spielarten der co-abhängigen Enttäuschung. Mit Sucht als Angehörige konfrontiert zu sein, ist seelisch eine schmerzliche Angelegenheit. Das Ausmaß der süchtigen Problematik wurde Ihnen eventuell erst nach vielen Jahren des Zusammenlebens bewusst. Sie stehen plötzlich vor dem Scherbenhaufen Ihres Lebens. Der psychische Schmerz der betrogenen Hoffnung ist unerträglich, und mit jedem Suchtmittelkonsum wiederholt sich der leidvolle Zusammenbruch.

Sie machen sich des Weiteren ständig Sorgen um den Suchtkranken, um die Kinder, um das Geld und um die gesamte Situation und die Zukunft. Angst ist Ihr täglicher Begleiter. Sie schämen sich wie alle Angehörigen für die unangenehmen, peinlichen und widerlichen Begleitumstände und fühlen sich mitverantwortlich dafür, dass er säuft, kifft, ballert, Pillen einwirft, hungert oder spielt. Sie zweifeln vielleicht daran, ihn von Herzen zu lieben. Wenn Sie ihn nur genug lieben würden, würde er seine Sucht Ihretwegen überwinden wollen und können. Sie denken vielleicht, dass es auch Ihr persönliches Versagen ist, ihm nicht ausreichend unter die Arme zu greifen. Wenn Sie ihn wirklich verstehen könnten, dann müssten Sie ihm doch helfen können.

Diese Überzeugungen sind zweifelsohne nicht falsch, denn liebevolle Fürsorge hat tatsächlich heilsame Qualitäten, und nicht selten sind Ihre Bemühungen schließlich erfolgreich. Doch im Fall von chronischer Sucht werden Liebe und Engagement allzu oft entmachtet. Für den uneinsichtigen Süchtigen sind alle anderen schuld an seinem Tun. Die anderen sind ihm Rechtfertigung für sein verantwortungsloses und selbstsüchtiges Handeln. Daher resultiert auch das diabolische Vergnügen vieler Süchtiger, mit der Fürsorge von Angehörigen und Freunden zu spielen und die liebevollen Zuwendungen zu missbrauchen und zu sabotieren.

Und schließlich überfällt Sie als Angehörige womöglich immer wieder diese innere Wut und Trauer. Es ist eine ohnmächtige Wut und Trauer, das alles nicht wahrhaben zu wollen. Sie wissen oftmals nicht, ob Sie zornig ausrasten, in Tränen zusammenbrechen oder in Ihrer Hilflosigkeit, Überforderung und Verzweiflung alles hinwerfen sollen. Die überschießende Gefühlswelle möchte alles wegmachen, alles soll wieder gut sein. Es ist das bittere Empfinden, dass die Welt und das Leben so schön sein könnten, wenn er nicht … Vor Gefühlsstau könnten Sie schon mal platzen, aber spätestens an dieser Stelle kommen die Selbstzweifel und Schuldgefühle wieder ins Spiel, dass er doch krank ist und nichts dafür kann und Sie in Ihrer Hilfe versagen. Wut und Trauer bleiben auf halbem Weg stecken.

4. Stressbegünstigende Faktoren

Die beschriebenen täglichen emotionalen Loopings durchwirbeln Ihr Innerstes, bis Ihnen schwindelig wird und Sie nicht mehr wissen, wo oben und unten ist. In dem ständigen Schwindel verlieren Sie sich und das, was Sie denken, fühlen und wünschen. Sie verlieren Ihre Unabhängigkeit und Selbstbestimmung, so zu entscheiden und zu handeln, wie Sie es für richtig halten.

Die überwältigenden Gefühle verschließen Ihnen außerdem den Mund. Wie sollten Sie reden? Ihr Inneres möchte schon mal schreien und toben. Vielleicht übermannt Sie Ihr Temperament wirklich manchmal und Sie sagen Dinge, die Sie später bereuen. Denn das gehört sich nicht. Schamgefühle bremsen Sie bis zum Stillstand aus. Also beißen Sie die Zähne zusammen und leiden duldsam und still. Das ist in einer komplexen und schwierigen Problemstellung, wie es das Zusammenleben mit einem Suchtkranken darstellt, äußerst ungünstig. Wer nicht redet, dem wird nicht zugehört und der erfährt auch keine Aufmerksamkeit und Zuwendung. Reden wäre Gold, Schweigen ist Mist.

Vermutlich haben Sie sogar versucht, mit anderen über Ihre Situation zu sprechen, doch hat Ihnen niemand zugehört oder es wurde Ihnen nicht geglaubt. Sucht ist ein Tabuthema. Oft schauen Familie, Freunde und Nachbarn weg, reden die Situation schön oder werfen Ihnen noch vor, dass Sie ihm z. B. sein wohlverdientes Bier nicht gönnen würden. Und wenn Ihnen doch jemand zuhört und glaubt, erfährt letztlich nur wieder der Suchtkranke Aufmerksamkeit, Zuwendung und Solidarität. Selbst wenn Sie anfangs noch versucht haben zu reden, irgendwann haben Sie es womöglich aufgegeben und angefangen, resigniert zu schweigen. Sie als Angehörige und gegebenenfalls betroffene Kinder bleiben so mit dem eigenen Leiden und Stress allein, was Ihre Notlage weiter verschärft.

Alles in allem eine große Last

Zusammenfassend ist die problematische Situation von Ihnen als Angehörige eines Suchtkranken durch folgende Merkmale gekennzeichnet:

- vielfältige emotionale Belastungen durch das süchtige Verhalten und die unangenehmen Begleiterscheinungen
- vielfache Last durch die Ausfälle des Suchtkranken im Alltag
- Stress durch die negativen Folgen des süchtigen Verhaltens (z. B. Geldmangel, Schulden, Verlust von Freunden, sozialer Abstieg)
- Sprachlosigkeit und Alleinsein in der Not
- Wegschauen von Familie, Freunden und Nachbarn
- Aufmerksamkeit, Solidarität und Hilfe ausschließlich für den Suchtkranken.

Das Zusammenleben mit einem Suchtkranken, die Zusammenarbeit mit einem suchtkranken Kollegen oder die professionelle Hilfe für eine suchtkranke Klientel kann als eine komplexe Belastung verstanden werden. Doch durch die zumeist schleichende Eskalation der Sucht und der damit verbundenen Probleme wird die Situation von Ihnen als Normalität und Gewohnheit erlebt. An die zusätzliche Arbeit, die emotionale Achterbahn und die Erschöpfung haben Sie sich nach und nach gewöhnt, wie man auch den Verkehrslärm einer viel befahrenen Straße nach einer gewissen Zeit nicht mehr bewusst hört. Wie sehr der Lärm nervt, stellt man erst fest, wenn man im Urlaub die Ruhe genießt. Von außen betrachtet ist Ihre Situation mit dem Suchtkranken nämlich der reine Wahnsinn.

Bitte überprüfen Sie, wie weit die Beschreibungen auf Sie und Ihre Lebenssituation zutreffen. Sollten Sie sich in den Beschreibungen wiederfinden, möchte ich betonen, dass Ihre Situation mehr oder weniger problematisch ist und durchaus Handlungs- und Hilfebedarf besteht. Nichtsdestotrotz ist Ihr emotionales Erleben, das ist mir ganz wichtig, eine sehr wohl gesunde Reaktion auf eine indes schwierige Lebenslage.

Es ist die Frage, ob Sie Ihre Gefühle ernst nehmen und einen Umgang mit den Belastungen finden, damit Sie sich schützen und aus der Situation befreien können, wie in dem nachstehenden Beispiel von Frau Machrecht, oder ob es zu einer ernsthaften co-abhängigen Erkrankung kommt, was Ihnen im nachfolgenden Abschnitt vorgestellt wird.

Ein Fallbeispiel: Frau Machrecht verliert und fängt sich wieder

»Frau Machrecht hat eine schwierige Ehe hinter sich. Der Ehemann ist ihr gegenüber häufig verbal übergriffig gewesen. Sie sei zu dick, zu hässlich, zu dumm, zu langsam und schuld an allem. Der Tochter zuliebe, die den Vater abgöttisch liebt, bleibt sie bei ihm und lässt duldsam alles über sich ergehen. Erst als die Tochter groß ist, traut sie sich und lässt sich scheiden. Frau Machrecht ist beruflich erfolgreich und führt selbständig einen kleinen Betrieb. Die Tochter beginnt in der Jugend eine Beziehung zu einem heroinabhängigen Mann. Sie will ihm helfen, doch er prügelt sie. Die Schläge des Freundes sind für die Tochter wie die verbalen Abwertungen der Mutter durch den Vater. Von Frau Machrecht hat die Tochter gelernt, wehrlos einzustecken. Um die Angst und die Schmerzen besser auszuhalten, beginnt die Tochter ebenfalls, Heroin zu konsumieren. Frau Machrecht versucht mithilfe der Großmutter alles, um die geliebte Tochter aus dem Drogensumpf zu befreien. Sie bemerkt nicht, wie sie sich im Kampf um die Tochter selbst verliert. Schleichend brennt sie aus und gibt ihre Firma auf, um sich noch mehr und besser um die Tochter kümmern zu können. Schließlich vertraut sie sich ihrer Hausärztin an. Diese vermittelt sie in eine psychosomatische Kur, in der sie es schafft, einen klaren Kopf wiederzugewinnen. Sie wirft die Tochter aus der Wohnung, macht sich beruflich wieder selbständig und findet einen neuen Lebenspartner. Erst als ihr Leben wieder in der Spur ist, kümmert sie sich weiter um die Tochter. Diesmal passt sie mithilfe der Großmutter und einer Freundin auf, dass die Bemühungen nicht ihre Kräfte übersteigen. Es sei verraten, dass auch die Geschichte der Tochter durch die Veränderungen von Frau Machrecht einen entscheidenden, heilsamen Impuls bekam.

2.3 An Co-Abhängigkeit können Sie erkranken

Die meisten Angehörigen leiden unter Ihrer stressigen Situation, wie Ihnen vorstehend beschrieben wurde. Mehr oder weniger verstrickt sich jeder, der einen näheren Kontakt zu einem Suchtkranken eingeht und versucht, ihm zu helfen. Ich möchte allerdings betonen, dass die meisten Angehörigen mithilfe von Familie und Freunden einen Weg finden, nicht nur dem Suchtkranken zu helfen, sondern auch dabei gesunden Abstand zu halten oder sich aus möglichen Verstrickungen zu befreien. Nur eine Minderheit der Angehörigen verliert sich in der Hilfe so sehr, dass sie daran co-abhängig erkranken. Bedauerlicherweise aber liegt mangels Wissenschaft und Forschung im Dunkeln, wie viele Angehörige störungsbedingt betroffen sind.

Aufgrund der Schwere des Leidens erhält die co-abhängige Störung hier im Folgenden einen besonderen Raum. Liebe Leserin, wahrscheinlich sind Sie es nicht, aber bitte nehmen Sie für einen Moment mal hypothetisch an, dass Sie an Co-Abhängigkeit erkrankt seien. Ihre womögliche co-abhängige Störung kann stark variieren. Es kann sein, dass Sie nur in leichter Form erkrankt sind und nach kurzer Zeit und mit ein wenig Hilfe wieder genesen. Es kann aber auch sein, dass Ihre Co-Abhängigkeit komplex und chronifiziert ist und Sie länger und mehr Hilfe brauchen, um die Krankheit zu überwinden.

Aus einer problematischen Verstrickung kann sich in dem Fall eine Störung bilden, falls Sie als Angehörige nicht aus Ihren Erfahrungen lernen – der Suchtkranke konsumiert trotz all Ihrer Bemühungen und Zuwendungen weiter – und keine ausreichenden persönlichen Konsequenzen ziehen. Eine Störung liegt dann vor, wenn Sie zudem unerträglichen Leidensdruck entwickeln und darüber die Aktivitäten und Interessen Ihres Lebens erheblich vernachlässigen. Die Gründe und Ursachen für die Entstehung von Verstrickungen werden Ihnen im fünften Kapitel vorgestellt. Hier geht es zunächst ausschließlich um das Erscheinungsbild. Die co-abhängige Störung ist eine verhaltensbezogene Abhängigkeitserkrankung wie auch Spielsucht, Computer- oder Internetsucht, Magersucht, Kaufsucht, Arbeitssucht, Geltungssucht, Eifersucht, Sexsucht oder Beziehungssucht. Drei Kategorien an Auffälligkeiten und Beschwerden sind kennzeichnend:

1. Zwanghafte *Eingenommenheit* vom Wunsch, helfen zu wollen, und weitere abhängigkeitsspezifische Beschwerden
2. *Scham- und Schuldgefühle* und andere sozioemotionale Auffälligkeiten
3. *Erschöpfung* und weitere psychische und psychosomatische Beschwerden.

Die drei Beschwerdekategorien werden Ihnen unter der Hypothese, dass Sie störungsbedingt betroffen sind, in den nachstehenden Abschnitten vorgestellt. Bitte überprüfen Sie beim Lesen, was bei Ihnen ähnlich, was aber auch anders ist.

1. Die übermäßige Hilfe ist das co-abhängige Suchtverhalten

Sind Sie übermäßig eingenommen von der Sorge um den Suchtkranken und dem Wunsch, ihm helfen zu wollen? Ihr Denken, Fühlen und Handeln dreht sich in diesem Fall zwanghaft um den Suchtkranken und sein Suchtverhalten. Womöglich schlafen Sie aus Sorge schlecht und kommen kaum noch zur Ruhe. Diese übermäßige Eingenommenheit, die Sie rund um die Uhr ausfüllt und dem Sie alles andere unterordnen, ist die zentrale Auffälligkeit der co-abhängigen Störung. Der Suchtkranke kann als Ihr Suchtmittel und Ihr ständiges Bemühen, die Sucht kontrollieren und ihn retten zu wollen, als Ihr Suchtverhalten verstanden werden.

Dazu gehört auch, dass die räumliche Trennung vom Suchtkranken oder auch Gedanken an Abstandnehmen, Loslassen oder eine Trennung Unruhe und Ängste bei Ihnen auslösen. Sie vernachlässigen mehr oder weniger Ihre seelische und körperliche Gesundheit, Ihre persönlichen Ziele und Interessen wie auch Aktivitäten und sozialen Kontakte. Auch leidet möglicherweise Ihre etwaige Berufstätigkeit. Typischerweise werden Sie die Suchtprobleme und die Folgen der problematischen Situation schönreden, kleinreden, rechtfertigen oder entschuldigen. Oder Sie verheimlichen und verleugnen Ihre belastende Situation gegenüber anderen, im Extremfall auch gegenüber sich selbst.

2. Wenn Sie sich für alles schämen oder schuldig fühlen

Ihre Fixierung auf den Suchtkranken und das zwanghafte Helfenwollen ist fast immer von ausgeprägten Scham- und Schuldgefühlen begleitet. Es ist wahrscheinlich, dass Sie den Suchtkonsum des anderen mehr oder minder als Ihr eigenes Versagen betrachten. Sie fragen sich, ob Sie den Suchtkranken wirklich genügend lieben und sich ausreichend anstrengen, ihm zu helfen. Wenn Sie nur die richtige Strategie oder den richtigen Weg kennen würden, würde er Ihnen zuliebe aufhören und alles würde gut.

Vielleicht leiden Sie auch unter starken Selbstzweifeln und fühlen sich persönlich für die negativen und unangenehmen Begleiterscheinungen der Sucht schuldig. Auch fühlen Sie sich für alles verantwortlich, was schiefgeht. Ihre Ansprüche an sich selbst sind hoch, die an den Süchtigen und andere Menschen niedrig. Vielleicht nehmen Sie das mit den hohen Selbstansprüchen gar nicht so wahr, erleben sich als ganz normal, jedoch haben es Ihnen andere schon zurückgemeldet, dass Sie es übertreiben.

Sie sind stets freundlich und höflich und bemühen sich fortwährend darum, es anderen recht zu machen. Sie erdulden alltäglich das typische Auf und Ab der Gefühle zwischen euphorischer Hoffnung und abgrundtiefer Verzweiflung, wie es Ihnen schon oben beschrieben wurde. Sie sind in Ihrer Befindlichkeit abhängig davon, ob er gerade konsumiert oder einen guten Tag hat. Eventuell sind die Stimmungsschwankungen aber schon einer starken persönlichen Verbitterung und Klagsamkeit gewichen. Sie fühlen sich vom Schicksal betrogen oder vom Leben bestraft.

Haben Sie schon aus Schamgefühlen vor anderen den Schein der »heilen Welt« oder der »glücklichen Familie« gewahrt? In diesem Fall kennen Sie gewiss ebenso die Gewohnheit, nach außen gute Laune zu zeigen, obwohl es in Ihrem Inneren ganz anders aussieht. Vielleicht haben Sie sogar schon aus Scham und Not gelogen, damit andere, Familie, Freunde, Nachbarn oder Kollegen, nichts mitkriegen.

Eventuell haben Sie manchmal Momente der ohnmächtigen Wut oder der Verzweiflung, was Sie überwältigt und lautstark aus Ihnen herausbricht. Sonst aber wird es Ihnen an gesunder Aggressivität mangeln. Gefühle des Ärgers und der Unzufriedenheit nehmen Sie womöglich nicht oder nur unzureichend wahr. Oder Sie übergehen sie gewohnheitsmäßig und schlucken sie herunter. Ihr Verhalten ist typischerweise gegenüber dem Suchtkranken und auch anderen Personen stark inkonsequent. Entscheidungen, Konsequenzen oder Drohungen, die Sie in emotional überwältigenden Momenten verkünden, z. B. ihm die Autoschlüssel wegzunehmen, ihn anzuzeigen oder ihn herauszuwerfen, setzen sie aber nicht um. Es fehlen Ihnen die Stärke und der Mut dazu.

3. Wenn die Energien verbraucht sind, macht sich Erschöpfung breit

Falls die bisherigen Beschreibungen weitgehend auf Sie zutreffen, werden Sie als drittes zentrales co-abhängiges Merkmal an einer abgrundtiefen Erschöpfung oder einem hohen Ausgebranntsein leiden. Dies ist die Folge des oben beschriebenen Stresses im Zusammenleben mit einem Suchtkranken. Zusätzliche Auffälligkeiten und Beschwerden können Ihr Leiden begleiten, typisch sind:

- Stimmungsschwankungen, Niedergeschlagenheit, Freudlosigkeit, Hoffnungslosigkeit oder Pessimismus
- Nervosität, vielfältige Unsicherheiten und Ängste oder Schreckhaftigkeit
- Kopfschmerzen, Magenprobleme oder Schlaflosigkeit
- Misstrauen, Gleichgültigkeit oder Teilnahmslosigkeit.

Es könnte auch sein, dass Ihre co-abhängige Problematik in Kombination mit einer weiteren psychischen oder psychosomatischen Störung auftritt: Depressionen, Angststörungen, psychosomatische Erkrankungen, Traumafolgestörungen oder Persönlichkeitsstörungen sind mögliche Zweitdiagnosen.

Bitte diagnostizieren Sie sich nicht selber!

Sie haben sich sicherlich in dem einen oder anderen Merkmal oder Symptom widergespiegelt gefühlt. Sie kennen das Phänomen: Wir lesen etwas über irgendeine Krankheit, und plötzlich, mit zunehmendem Erschrecken, entdecken wir die Krankheitssymptome an uns. Der kleine Hypochonder in uns meldet sich und verlangt nach sofortiger Aufmerksamkeit. Niemand kann sich besser bewerten als wir selbst, aber niemand kann ebenso zu größeren Fehlurteilen kommen als wir selbst. Seien Sie also bitte vorsichtig mit Selbstdiagnosen.

Falls Sie sich in den obigen Beschreibungen wiederfinden, dann ist dies nur als ein Hinweis oder eine Möglichkeit zu betrachten. Es benötigt viele verständnisvolle Gespräche mit vertrauten anderen, bis Sie Ihre ganze verstrickte Situation in der ganzen Komplexität klar wahrnehmen und beurteilen können. Für eine ordentliche Diagnose braucht es des Weiteren stets einen kundigen Fachmenschen, also einen Sozialarbeiter, Psychologen oder Arzt. Dasselbe gilt auch für das folgende Kapitel, in dem Sie die Möglichkeit haben, die Merkmale und Auffälligkeiten von Verstrickungen in Fragebogenform bei sich zu überprüfen. Sollten Sie sich also in den Ausführungen wiederfinden, dann nehmen

Sie dies als einen Hinweis dafür, dass Sie der Sache weiter nachgehen sollten und Sie gegebenenfalls Hilfe anderer benötigen.

Zuvor sollen Ihnen aber noch die Abgründe und Untiefen der coabhängigen Störung anhand zweier Fallbeispiele konkretisiert werden.

Ein Fallbeispiel: Frau Tiefpunkt telefoniert und fühlt sich leer

»*Frau Tiefpunkt verlässt kaum noch das Haus. Sie fühlt sich innerlich immerzu leer und müde. Alles ist anstrengend, und sie hat zu nichts mehr Lust. Die Hausarbeit und das Ums-Kind-Kümmern fallen ihr so schwer. Ihre Tochter ist gerade ein Jahr alt. Wenn die Kleine schläft, sitzt Frau Tiefpunkt schlapp herum. Sie vernachlässigt den Haushalt. Immer wenn sie wieder ein wenig Kraft hat, telefoniert sie besorgt hinter ihrem Mann her, um zu kontrollieren, ob er wieder spielt. Wenn er nicht abnimmt, weiß sie, dass er am Automaten sitzt. Wenn er antwortet, ist sie immer nur für wenige Minuten erleichtert. Dann breitet sich die Leere wieder aus, macht Platz dafür, dass die Sorgen um ihren Mann in ihr aufsteigen können. Wenn er nach Hause zurückkehrt, kommt es zu zermürbenden Diskussionen und Streitigkeiten, die er stets früher oder später durch türenschlagendes Verlassen der Wohnung beendet. Manchmal bleibt er auch tagelang weg. Die Ängste fressen sie auf. Ihre vielfältigen Hobbys hat sie alle aufgegeben. Obwohl sie einen großen Freundes- und Bekanntenkreis hat, meidet sie nun schamvoll jeglichen Kontakt. Freundinnen, die sich um sie bemühen, vergrault sie zusätzlich mit ihrer schlechten Laune. Weil ihr Mann eine größere Summe hinterzieht, wird ihm gekündigt. Die Schulden zahlt Frau Tiefpunkt mit ihrem in die Ehe eingebrachten kleinen Vermögen ab. Obwohl die Familie eigentlich von ihrem Gehalt abhängig ist, hat sie ihre Arbeit wegen der Geburt der gemeinsamen Tochter aufgegeben. Sie möchte verständlicherweise ihre Tochter nicht allein mit ihm zu Hause zurücklassen. Nun reicht das Geld vorne und hinten nicht. Am Monatsende ist manchmal nicht mal mehr ausreichend Geld für Nahrungsmittel da. Neue Kleidung leistet sie sich schon länger nicht mehr. Klamotten für die Kleine erhält sie von der Schwester und einer Tante. Die Eltern stecken ihr Geld zu, was ihr peinlich ist.*

Ein Fallbeispiel professioneller Verstrickung: Frau Allein ist Suchtberaterin

»*Frau Allein hatte keine schlechte Kindheit. Sie hatte alle Freiheiten. Alle kümmerten sich zunächst um den älteren Bruder. Der sollte, wie es Tradition ist, als Sohn den elterlichen Betrieb übernehmen. Heute sorgen sich alle um den kiffenden und depressiven Bruder. Keiner darf etwas bemerken. Der Vater führt, obwohl er längst im Rentenalter ist, immer noch den Betrieb. Die Hoffnung stirbt bekanntlich zuletzt. Vielleicht kommt der Sohn noch zur Vernunft.*
Frau Allein wohnt nebenan. Sie ist Sozialpädagogin geworden und arbeitet als Suchtberaterin in einer Beratungsstelle. Sie versucht seit Jahren, die Eltern zu überzeugen. Wovon? Das weiß sie gar nicht mehr genau. Doch so geht es nicht weiter. Das hat sie in ihrer Therapieausbildung gelernt. Mit Männern hat sie immerzu Pech. Sie verliebt sich in einen drogenabhängigen Klienten. Sie geht offen damit um. Alle raten ihr von einer Beziehung ab. Sie fühlt sich unverstanden. Endlich hat sie einmal Glück und keiner gönnt es ihr. Ihr Chef darf nichts wissen. Er würde ihr kündigen. Das weiß sie. Er sagt es ihr, als sie versuchsweise vage Andeutungen macht. Auf die Kollegen ist Verlass, sie halten dicht.
Ihr neuer Freund muss wegen Beschaffungsdelikten für einige Zeit in den Vollzug. Sie hilft ihm, die für ihn schwere Zeit zu überstehen. Dann zieht er bei ihr ein. Nun steht er ihr bei. Sie ist häufig unsicher, und er kennt sich gut aus. Sie bespricht alles mit ihm. Er sagt ihr, was sie tun und lassen soll.

2.4 Kinder aus Suchtfamilien leiden vielfältig und allzu häufig ein Leben lang

Sind Sie in einer suchtbelasteten Familie aufgewachsen? Wer war suchtkrank: Ihr Vater, Ihre Mutter, beide Eltern, ein Geschwisterkind oder die Großeltern? Und wer hat die co-abhängige Helferrolle ausgefüllt:

Sie als Kind, Mutter, Vater, ein älteres Geschwisterkind, die Großeltern, Tante, Onkel, ein Freund der Familie oder ein Familien- oder Suchthelfer? Die Belastungen durch den Alltag in einer Suchtfamilie auf die noch unreife und im Wachsen befindliche Seele eines Kindes können mannigfaltig sein und viel Schaden anrichten. Vernachlässigungen und Misshandlungen können traumatische Spuren hinterlassen, die sich bis ins Erwachsenenalter folgenschwer auswirken können. Falls Sie betroffen sind, haben Sie es am eigenen Leib erfahren und wissen recht genau, wovon ich spreche.

Das Thema der Suchtfamilien wird hier nicht erschöpfend abgehandelt, da es viel zu groß ist. Zwei spezielle Fälle möchte ich Ihnen vorstellen, da sie als co-abhängig einzustufen sind:

- Das *»Helferkind«* übernimmt häufig schon im zarten Kindesalter im beträchtlichen Ausmaß Verantwortung für das Funktionieren und die Versorgung der Familie.
- Die *»funktionierende Erwachsene«* war früher ein Helferkind. Sie erfüllt stets die an sie herangetragenen Erwartungen, jedoch ohne emotional beteiligt zu sein. Innerlich fühlt sie sich einsam, fremd oder wie eine leere Hülle. Oftmals sucht sie sich suchtkranke Partner.

Es gibt gute Literatur zur Problematik von Suchtfamilien. Falls Sie sich also näher mit dem Thema beschäftigen wollen, finden Sie geeignete

Literaturempfehlungen dazu im zehnten Kapitel. Besonders den trefflichen Ratgeber »Vater, Mutter, Sucht« der Musiktherapeutin Waltraut Barnowski-Geiser (2011) möchte ich Ihnen als ergänzende Lektüre ans Herz legen, falls Sie betroffen sind.

1. Die Helferkinder

Kinder in Suchtfamilien können auf die erlebten Belastungen und Traumata grob in dreierlei Form reagieren: Eine erste Gruppe zeigt sich schon früh verhaltensauffällig und entwickelt in der Jugend eigene Suchtprobleme. Eine zweite Gruppe zeigt sich stabil und entwickelt sich trotz der widrigen Umstände gesund. Dieses spannende und Hoffnung gebende Phänomen, welches glücklicherweise nicht selten ist, wird Resilienz genannt. Die dritte Gruppe, die Helferkinder, um die es hier geht, ist nur schwer von der zweiten zu unterscheiden. Auch sie bleiben äußerlich unauffällig, leiden aber innerlich ungemein. Sie sind sozial angepasst, stets bemüht, alles richtig zu machen, hilfsbereit und verantwortungsbewusst.

Für ganz interessierte Leser sei der Hinweis gegeben: Die Gruppe der Helferkinder entspricht vor allem der Kinderrolle »Held« und ein wenig auch der Rolle des »verlorenen Kindes«, die die amerikanische Autorin, Therapeutin und Selbstbetroffene Wegscheider in ihrem Buch »Another Chance« (1981, »Es gibt doch eine Hoffnung«) zur Familienstörung der Sucht beschrieben hat. In der Typologie von Waltraut Barnowski-Geiser (2011) sind die Helferkinder vor allem in der Rolle »Mutter Teresa« wiederzufinden. Auch die Rollen »Mary Popkins«, »Superman«, »Mowgli« und »Robin Hood« bergen ein beträchtliches co-abhängiges Risiko, doch können diese Rollen ebenso gut in einer süchtigen Entwicklung münden.

Die Helferkinder sind durch eine besondere Frühreife und Ernsthaftigkeit gekennzeichnet. Sie fallen zu Hause und auch sonst durch ihre Hilfs- und Leistungsbereitschaft positiv auf. Sie sind angepasst, tun alles dafür, nicht negativ aufzufallen und es allen recht zu machen. Ihr rührendes Bemühen, ein braves Kind zu sein, bezieht sich nicht nur auf den Suchtkranken, sondern möchte auch die co-abhängigen Bezugspersonen unterstützen. So übernehmen die Helferkinder viel zu früh, viel zu viel Verantwortung. Ihre Eingenommenheit ist noch viel stärker und tragischer als die von co-abhängigen Erwachsenen, da sie die familiären Zustände, in denen sie aufwachsen, als ganz normal erfahren. Es fehlt den Kindern gänzlich ein Bewusstsein für einen Lebensalltag ohne Sucht und ohne dessen vielschichtige, negative Begleitumstände.

Die Tragik der betroffenen Kinder ist es, dass sich ihr Leiden, ihre Einsamkeit und ihre Sprachlosigkeit hinter der angepassten und frühreifen Fassade verbergen, sodass ihre Not und Bedürftigkeit vom Umfeld übersehen wird. Das allerdings ist trügerisch, denn die erlittenen Verwundungen sind tief in ihrer Persönlichkeit als lebenslanges Risiko verinnerlicht, einen co-abhängigen Lebensweg zu gehen oder auch an anderen Traumafolgestörungen zu erkranken.

2. Die funktionierende Erwachsene

Sollten Sie als, ich nenne es, »funktionierende Erwachsene« betroffen sein, sind Sie sehr wahrscheinlich weiblich und waren früher ein Helferkind. Als erwachsene Frau bleiben Sie Ihren in der Kindheit verinnerlichten Erlebens- und Verhaltensmustern treu. Ihre Persönlichkeit ist durch eine hohe Gewissenhaftigkeit, Zuverlässigkeit, Hilfsbereitschaft und Leistungsorientierung geprägt. Ihre Partner sind vorzugsweise suchtkrank, vielleicht aber auch anders eingeschränkt, z. B. depressiv, chronisch krank oder behindert.

Es ist schwierig, Ihnen als Betroffene das Problembild nahezubringen, da Sie kaum Zugang zu den eigenen Empfindungen und Gefühlen haben: »Ich hatte meine Gefühle in einem Panzerschrank verschlossen und den Schlüssel im Klo runtergespült« (www.nacoa.de, 01/2014). Sie sind abgeschnitten vom eigenen Erleben. Es ist unsicher, vage und karg, aber vermutlich haben Sie kaum Gefühl für die Kargheit, weil Sie es als normal erleben. Unter folgenden problematischen Erlebens- und Verhaltensmustern können Sie typischerweise obendrein leiden:

- Ihre Lebensziele, Vorstellungen und Einstellungen sind eher unsicher und unklar. Ihr Selbstvertrauen ist eher niedrig. So orientieren Sie sich in Ihren Entscheidungen stark an anderen Menschen. Sie reagieren viel und handeln wenig.
- Sie fühlen sich häufig einsam. Auch unter Menschen erleben Sie starke Gefühle von Außenvorsein und Fremdsein.
- Häufig sind Ihnen Dinge gleichgültig oder Sie fühlen sich teilnahmslos. Auch wenn Sie äußerlich funktionieren, fühlen Sie sich innerlich eher wie eine leere Hülle. Sie leiden wiederkehrend unter depressiven Stimmungen.
- Sie sind innerlich angespannt und ängstlich. Zu viel Nähe zu anderen macht Sie nervös. Sie sind eher misstrauisch und verschlossen, lassen niemanden an sich heran und ziehen sich gerne in Ihr inneres Schneckenhaus zurück. Nur dort für sich allein können Sie entspannen.
- Sie sind gutgläubig, versuchen anderen zu gefallen, sind stets bemüht, es anderen recht zu machen. Sie fallen schnell auf andere herein und sind leicht auszunutzen.
- Alles in allem ist Ihre Selbstfürsorge sehr gering. Dahingegen sind die Aufmerksamkeit, das Gespür und die Fürsorge für andere zumeist sehr ausgeprägt. Sie brauchen es, gebraucht zu werden. Es könnte gut sein, dass Sie in einem sozialen oder helfenden Beruf arbeiten, z. B. als Pfleger, Erzieher oder Suchthelfer, und sich im Engagement für andere aufzehren.
- Die Ansprüche an sich selber, das eigene Verhalten und die eigenen Leistungen sind sehr hoch. Eigene Fehler werden nicht geduldet. Vielleicht arbeiten Sie ohne Unterlass, betäuben sich durch ständige Aktivitäten, um die innere Leere nicht zu spüren. Letztlich sind Sie aber nie zufrieden mit sich.

Wie schon gesagt, ist Ihr inneres Erleben und Leiden nur schwer durch Worte zu erfassen, da Sie es als normal erleben, auch weil Sie in Ihrer Herkunftsfamilie gelernt haben, zu schweigen und zu dulden.

Sie haben das verhängnisvolle und allumfassende Tabu der Sucht und Co-Abhängigkeit verinnerlicht. Das ist das zentrale Thema, welches Sie mit anderen Betroffenen verbindet. Tief in Ihrem Inneren spüren Sie allerdings sehr wohl, dass etwas nicht stimmt. Da sie aber, wie alle, nicht sprechen, kommt kein befreiender Austausch zustande. So haben Sie keine Chance, Ihre Isolation und Entfremdung zu überwinden und Solidarität, Mitgefühl und Entlastung zu erfahren. Ich bezeichne das Krankheitsbild auch als komplexes, co-abhängiges Posttrauma, um der unglücklichen und lebensbeherrschenden Prägung durch eine Suchtfamilie einen passenden Namen zu geben. Diese Zusammenhänge werden Ihnen im Kapitel 4.6 unter dem Thema Suchtfamilie näher erläutert.

Hinzukommen können Depressionen, Angsterkrankungen, psychosomatische Beschwerden oder andere psychische Störungen. Nicht selten hatten oder haben Sie auch selber Probleme mit Suchtmitteln oder anderen Suchtverhaltensweisen. Vielleicht haben Sie wie viele erwachsene Betroffene den Kontakt zur Herkunftsfamilie ganz oder teilweise abgebrochen. Sie haben das trügerische Gefühl, mit der Geschichte abgeschlossen zu haben wie Herr Passauf in dem nachfolgenden Fallbeispiel.

Ein Fallbeispiel: Herr Passauf war der Lieblingssohn

»*Der Vater von Herrn Passauf ist Trinker und gewalttätig. Er schlägt Frau und Kinder, nur Herrn Passauf, seinen Lieblingssohn, nicht. So hat er schon in jungen Jahren eine wichtige Funktion in der Familie inne. Er wartet tagtäglich im Flur am Fenster, um den Vater nachmittags, abends oder nachts – man weiß nie, wann er nach Hause getorkelt kommt – in Empfang zu nehmen. Er besänftigt den Vater, um den Rest der Familie zu schützen, und bringt ihn ins Bett. Herr Passauf hat keine Freunde, und er spielt nie Fußball wie andere Kinder. Er zieht mit 18 Jahren aus und bricht jeglichen Kontakt zur Familie ab. Doch der Rest des Lebens bleibt eine immer wiederkehrende Neuauflage der traumatischen Kindheitserfahrungen. Seine wechselnden Partnerinnen sind allesamt alko-*

holkrank oder depressiv. Die Beziehungen sind Einbahnstraßen: Er kümmert sich feinfühlig und aufopferungsvoll um die kranken Frauen. Die Beziehungen halten nie lange. Beruflich macht er Karriere. Er ist Chef im Sicherheitsdienst einer großen Firma. Wie als Kind schon arbeitet er rund um die Uhr und ist stets auf Abruf erreichbar, allzeit bereit in der Erwartung des Schlimmsten. Den Platz am Flurfenster hat er nun mit dem Platz in der Sicherheitszentrale und am Notfall-Handy eingetauscht. Regelmäßig bricht er erschöpft zusammen. Er absolviert stationäre und ambulante Therapien wegen seiner angeblichen Depressionen und Ängste. In den Therapien verschweigt und beschönigt er die Vergangenheit, mit der er meint, abgeschlossen zu haben. Die Therapeuten sind stets sehr zufrieden mit Herrn Passauf, weil er sich gut einfügt, vorbildlich mitarbeitet und schnell lernt. Sein Zustand bessert sich jedes Mal rasch. Auch kümmert er sich liebevoll um Mitpatienten. In den Gruppen übernimmt er feinfühlig und empathisch die Rolle des Co-Therapeuten. Herr Passauf sucht nie dieselbe Therapiestelle ein zweites Mal auf.

2.5 Ganze Familien oder Einrichtungen können sich verstricken

Abhängigkeit ist ein soziales System bzw. findet stets in einem sozialen System statt. Ganze Familien, Freundeskreise, Gruppen, Vereine, Betriebe, Einrichtungen, Organisationen und Gesellschaften können betroffen sein und in Mitleidenschaft gezogen werden. Dieser Ratgeber ist zu schmal, um Ihnen dieses Thema umfassend nahezubringen. Doch möchte ich es Ihnen zumindest kurz anreißen, damit Sie eine Idee der Größenordnung und Vielschichtigkeit Ihrer Sache erhalten.

Suchtfamilie. Ein typischer Fall der Systembetroffenheit sind Suchtfamilien. Eisernes Gesetz in solchen Familien ist die Tabuisierung des Suchtthemas. Wenn z. B. die Frau blaue Flecken von den Misshandlungen des alkoholkranken Mannes hat, wird sie, darauf angesprochen, ihre Tränen wegdrücken und alles abstreiten. Selbst kleine Kinder sind schon darauf trainiert, nach außen den Schein der glücklichen Familie und heilen Welt zu wahren. Großeltern, Geschwister, alle spielen in dem Stück »Friede, Freude, Eierkuchen« mit. Jeder, der daran rührt, stellt angeblich die Familie infrage und wird bekämpft und ausgeschlossen. Feindbilder braucht die Suchtfamilie unbedingt, denn sie lenken von den eigentlichen innerfamiliären Problemen ab, lassen die Familie noch enger zusammenrücken und stabilisieren so das (co-)abhängige Geflecht.

Institutionelle Co-Abhängigkeit. Ein anderer Fall der Systemverstrickung betrifft Betriebe, die zumeist lange Jahre einen oder mehrere Süchtige unter sich dulden. In einem solchen betrieblichen Fall wird die Sucht und eingeschränkte Arbeitsleistung des Süchtigen vertuscht und ausgeglichen. Nicht nur die einzelnen Mitarbeiter verstricken sich persönlich mehr oder weniger, vielmehr können sich co-abhängige Strukturen ausbilden. Kommunikation, Zusammenarbeit und Abläufe können durch die Verheimlichung der Sucht und die Verstrickungen eingeschränkt sein. Typisch ist es, dass die Vertuschung als soziale Moral oder kollegiale Fürsorge getarnt wird. Da das Eigentliche tabuisiert ist, werden stellvertretende Konflikte ausgetragen. Hinter der Kulisse brodelt die Gerüchteküche. Alle, die reden oder reden wollen, werden in einem solchen System abgelehnt, bekämpft und zum Schweigen gebracht.

Selbst nach Entfernen des süchtigen Symptomträgers können die gestörten Strukturen fortbestehen und sich weiter negativ auf Arbeitsklima und -leistung auswirken. Gewöhnlich wird ein neuer Symptomträger eingesetzt. Dieser kann ebenfalls suchtkrank sein oder aber auch an einer anderen psychosozialen Problematik leiden.

Doppelbödige Gesellschaft. Auch eine Gesellschaft kann durch co-abhängige Tendenzen gekennzeichnet sein. Z. B. sind die Abgaben und Steuern des Staates auf legale Suchtmittel (Alkohol, Tabak, Glücksspiel) eine willkommene Einnahmequelle und als ziemlich paradox zu beurteilen. Das monetäre Interesse steht im nicht lösbaren Konflikt mit dem gesundheitspolitischen Auftrag, Suchtmittelkonsum und -verhalten einzudämmen. Ebenso hat die willkürliche Einstufung von Suchtmitteln als legal und illegal eine co-abhängige Note. Warum ist Alkohol akzeptiert und allgegenwärtiger Teil unserer Kultur, obwohl es ein Nervengift ist und Abertausende jedes Jahr an den Folgen dahinsiechen? Warum dahingegen fällt Haschisch unter das Betäubungsmittelgesetz, und schon der Besitz einer geringen Menge des Suchtmittels stellt einen Straftatbestand dar? Der laxe Umgang mit Alkohol steht in keinem Verhältnis zur Kriminalisierung von Marihuana & Co. Allerdings kann der Widerspruch unter anderem durch die enormen wirtschaftlichen Interessen in Bezug auf Alkohol co-abhängig erklärt werden. Wer möchte sich schon mit der mächtigen deutschen Bier- und Schnapsindustrie anlegen?

Es sollte Ihnen deutlich geworden sein: Das (co-)abhängige Tabu betrifft nicht nur Sie und Ihr nahes Umfeld, also Ihre Familie, Ihren Freundeskreis oder Ihre Arbeitsstelle. Vielmehr hat es darüber hinaus eine gesellschaftliche Bedeutung und engt gesundheitspolitische Interessen auf manchmal absurde Art und Weise ein.

Die moderne Suchthilfe – ein spezieller Fall institutioneller Co-Abhängigkeit

Das System, das jedoch am stärksten von Sucht betroffen und von seiner Klientel geprägt ist, ist die Suchthilfe. Der deutsche Arzt und Psychotherapeut Helmut Kolitzus (2000) schreibt dazu – und vortrefflicher kann man es nicht ausdrücken: »Die Institutionen und Vertreter der Suchthilfe sind in seltsamer Faszination dem Phänomen Sucht verfallen und greifen dem armen, spektakulär narzisstisch leidenden Süchtigen mit allen Mitteln unter die Arme. Dies ist analog der übermäßigen Fürsorge, die lange Zeit (allzu oft suchtkranken) straffälligen Tätern galt, während sich keiner um die Opfer kümmerte.« Das Vergessen, Übersehen und die Vernachlässigung der Angehörigen und Kinder von Suchtkranken durch die Suchthilfe, Gesundheitspolitik und Gesellschaft kann als eine besondere Form der gesellschaftlichen Co-Abhängigkeit angesehen werden.

Ein beispielhafter Fall der Systemverstrickung eines ganzen Dorfes

»*Ein kleines, stinknormales Dorf dieser Republik: Man kennt sich gegenseitig, unterstützt sich im Alltag und feiert gemeinsam Feste. Die Männer sind in der Feuerwehr und im Schützenverein, und die Frauen treffen sich zum Kaffeetrinken, zum Stricken und auf dem Kinderspielplatz. Man kümmert sich um alte und hilfsbedürftige Dorfmitglieder. Man hält im Guten wie im Schlechten zusammen in dem kleinen Dorf.*

Auch Herr Gesell ist seit seiner Geburt Teil der Dorfgemeinschaft. Die Mutter hat sich nach der Geburt der zwei Jahre jüngeren Schwester aus dem Staub gemacht. Der Vater ist ein Einzelgänger und Sonderling. Er verzweifelt an seinen Ansprüchen, etwas Besonderes zu sein. Er begeht Selbstmord, als Herr Gesell noch ein kleiner Junge ist. Auch Herr Gesell wird ein Zweifler, doch lernt er, Alkohol zu nutzen, um sein Grübeln zu überwinden und sich gut zu fühlen. Im Dorf ist er nicht der einzige Trinker. Er ist ein gern gesehenes Mitglied der Dorfgemeinschaft, da er immer lustig gestimmt ist und gerne Party macht. Anlässe gibt es genug, eine Sause zu machen. Herr Gesell gilt wegen seiner Trinkfestigkeit als ganzer Kerl.

Hinter vorgehaltener Hand reden die Dorfmitglieder schon mal über »dieses Problem«, auch weil Herr Gesell häufig alkoholisiert Auto fährt. Sein rasanter Fahrstil ist berühmt und berüchtigt. Bisher ist es immer gut gegangen. Er wird im Krankenhaus wieder zusammengeflickt und kauft sich ein neues Auto. Eigentlich ist man sich einig, dass man ihm den Führerschein entziehen müsste. Aber wie soll er es ohne Auto zur Arbeit schaffen, und ohne Arbeit würde er doch noch mehr abstürzen. So passt die Dorfgemeinschaft auf, dass die Kinder die Straßen meiden, wenn Herr Gesell mit dem Auto unterwegs ist.

Herr Gesell lebt im gemeinsamen Haushalt mit Tante und Schwester. Die Tante hat die Geschwister aufgezogen. Nun ist sie alt. Die Schwester kümmert sich heute um die Tante und den trinkenden Bruder. Alle im Dorf sind sich einig, dass die Schwester den Schatten von Herrn Gesell verlassen und mehr aus sich und ihrem Leben machen sollte. Die Fami-

lie sei wirklich hart vom Schicksal getroffen. Wenn Herr Gesell doch nur endlich die Finger vom Alkohol lassen würde.

Kleiner Hinweis: Bitte überprüfen Sie, worauf Sie beim Lesen der Geschichte geachtet haben. Haben Sie den schillernden Auffälligkeiten und Eskapaden von Herrn Gesell besondere Beachtung geschenkt? In diesem Fall lesen Sie bitte die Geschichte abermals und konzentrieren sich diesmal auf die eher still daherkommenden co-abhängigen Auffälligkeiten der Dorfgemeinschaft.

Aktion

Sie haben nun eine Menge über die Merkmale von Verstrickungen und Co-Abhängigkeit erfahren. Nun ist der Moment gekommen, dass Sie aktiv werden.

Ich möchte Ihnen vorschlagen innezuhalten und das Buch zur Seite zu legen. Nehmen Sie sich ein wenig Zeit, Ruhe und Muße und Stift und Papier. Schreiben Sie die Geschichte Ihrer Verstrickungen auf. Vielleicht klappt es noch nicht beim ersten Mal. Schlafen Sie darüber und schreiben Sie morgen und übermorgen weiter. Bitte achten Sie darauf, dass Sie bei allem, was Ihnen widerfahren ist, auch immer Ihr persönliches Erleben, also Ihre Gefühle, Empfindungen, Gedanken und Bewertungen, berücksichtigen. Es geht nicht darum, dass Sie druckreif schreiben, und bitte vermeiden Sie Erklärungen oder Analysen. Es geht nur um eine nüchterne Bestandsaufnahme Ihrer Situation. Beschreiben Sie das, was Ihnen widerfahren ist oder aktuell geschieht, mit Ihren Möglichkeiten und in Ihren Worten, damit es Ihnen gewahr wird.

Alternativ zur Geschichte können Sie auch, falls Sie es kennen, auf einem großen Blatt Papier eine Lebenslinie zeichnen, in der Sie Ihre bedeutsamsten Lebenserfahrungen und -ereignisse eintragen. Phasen Ihres Lebens, in denen Sie Erfolg hatten oder es Ihnen gut ging, sind durch eine ansteigende Linie, und Phasen Ihres Lebens, in denen Sie Schicksalsschläge hinnehmen mussten, Krisen hatten und unzufrieden waren, sind durch eine abfallende Linie gekennzeichnet.

3 Testen Sie sich

Was dem Suchtkranken sein Suchtmittel, ist der Co-Abhängigen der Suchtkranke.

Überprüfen Sie Ihre konkrete Betroffenheit. Nach meinen Erfahrungen verstricken Sie sich, sobald Sie in einem nahen Kontakt zu einem Suchtkranken stehen und versuchen, ihm zu helfen. Dieser Mechanismus läuft unabhängig davon ab, ob Sie wollen oder nicht und ob es Ihnen bewusst ist oder nicht. Es ist eine zwangsläufige Dynamik im näheren Kontakt zu einem Suchtkranken. Entscheidend ist daher nicht, dass Sie verbissen versuchen, jegliche Verstrickung zu vermeiden. Vielmehr geht es darum, sich der eigenen Neigung und diesbezüglichen Stärken und Schwächen zu vergegenwärtigen und sich konkrete, befreiende Maßnahmen zu überlegen und in die Tat umzusetzen.

Im Folgenden können Sie Ihre Mit-Betroffenheit in drei Schritten überprüfen:

1. Wie belastet sind Sie durch die Situation mit dem Suchtkranken?
2. Wie verstrickt sind Sie im Kontakt zum Suchtkranken?
3. Wie beeinträchtigt sind Sie psychosozial?

Die Merkmallisten liefern Ihnen keine fertigen Antworten oder Wahrheiten. Die Antworten sind in Hinblick auf Ihren individuellen Hintergrund zu interpretieren. Je nachdem, wie Sie betroffen sind, kann ein und dieselbe Antwort völlig unterschiedlich bewertet werden. Außerdem können Sie die Merkmallisten stets nur in Bezug auf einen Suchtkranken ausfüllen. Sie erhalten folglich ausschließlich Hinweise auf Ihre möglichen Verstrickungen in der Beziehung zu dem ausgewählten Suchtkranken.

Als professioneller Helfer können Sie die Listen neben der Selbstanwendung in Bezug auf einen suchtkranken Klienten selbstverständlich auch zur diagnostischen Einschätzung von Angehörigen nutzen.

3.1 Wie belastet sind Sie?

Die erste Merkmalliste fragt Ihre Belastungen und Probleme ab, die durch das Zusammenleben mit einem Suchtkranken typischerweise entstehen können. Des Weiteren können Sie messen, wie sehr Sie durch die Situation, die Eskapaden und Ausfälle des Suchtkranken und die Reaktionen des Umfeldes beeinträchtigt sind. Mithilfe der Liste können Sie auch Ihre Gefährdung einschätzen, sich weitergehend zu verstricken. Falls Sie ein möglichst realistisches Ergebnis erhalten wollen, schauen Sie sich bitte die Auswertung erst nach dem Ankreuzen der Checkliste an.

Übung 1: Wie belastet sind Sie?

Beantworten Sie die folgenden Aussagen bitte so, wie es für Sie zutreffend ist. Beschönigen oder dramatisieren Sie Ihre Situation nicht, sondern antworten Sie möglichst aufrichtig.

	trifft nicht zu	trifft eher zu	trifft voll zu
1. Ich habe Mitleid mit ihm / ihr, weil er / sie krank ist.	0	1	2
2. Ich würde viel dafür geben, ihm / ihr zu helfen, die Sucht zu überwinden.	0	1	2
3. Es ist wichtig, als Familie, Freunde oder Kollegen zusammenzuhalten, um ihn / sie zu schützen und ihm / ihr zu helfen.	0	1	2
4. Das Zusammenleben mit ihm / ihr bedeutet für mich viel Stress.	0	1	2
5. Ich kümmere mich um vieles, was er / sie suchtbedingt nicht mehr schafft.	0	1	2
6. Wir haben wegen seiner / ihrer Sucht oft Streit.	0	1	2
7. Ich bin ein freundlicher und toleranter Mensch, aber er / sie nutzt das aus.	0	1	2
8. Manchmal denke ich, dass ich ihm / ihr gegenüber zu nachgiebig bin und zu viel Rücksicht nehme.	0	1	2

9.	Mir ist sein / ihr Verhalten manchmal peinlich oder unangenehm.	0	1	2
10.	Meine Stimmung in Bezug auf ihn / ihr schwankt zwischen Hoffnung und Enttäuschung.	0	1	2
11.	Manchmal bin ich seinetwegen / ihretwegen ärgerlich, traurig oder verzweifelt oder habe Ängste, was kommen wird.	0	1	2
12.	Eigentlich fühle ich mich ihm / ihr gegenüber allzu häufig sprachlos oder hilflos.	0	1	2
13.	Ich habe niemanden, mit dem ich über die Problematik wirklich sprechen kann.	0	1	2
14.	Als ich versucht habe, anderen davon zu erzählen, hat man mir nicht geglaubt, oder ich bin auf Befremden oder Ablehnung gestoßen.	0	1	2

Auswertung

Je mehr Aussagen Sie mit »1« und »2« beantwortet haben, desto problematischer sind Sie betroffen.

- Falls Sie alle Aussagen mit »0« oder wenige mit »1« angekreuzt haben gibt es für Sie keinen Grund zur Sorge. Sie haben Ihre Situation im Griff und erfahren Unterstützung durch andere.
- Falls Sie einige Aussagen mit »1« und wenige Merkmale mit »2« angekreuzt haben, fühlen Sie sich durch die Situation belastet. Sie stehen in dem typischen Dilemma, dem Suchtkranken helfen zu wollen, aber eigentlich in Bezug auf das Geschehen hilflos zu sein. Sie sollten sich fragen, ob es für Sie nicht besser ist, mehr Abstand zum Suchtkranken einzunehmen und wieder den Menschen ins Zentrum Ihrer Aufmerksamkeit und Fürsorge zu rücken, der sich darüber bedingungslos freut: Sie selbst! Auch ein offenes Gespräch bei einer Tasse Kaffee oder Tee mit einer vertrauten Person wird Ihnen weiterhelfen. Sollten Sie sich als Suchthelfer verstrickt haben, wird Ihnen ein kollegiales Gespräch guttun.

- Haben Sie einige oder sogar viele Aussagen mit »2« beantwortet, ist Ihre Belastung durch die Situation als sehr hoch einzustufen. Es besteht dringender Handlungsbedarf. Sie sollten auch die Merkmalliste der beiden folgenden Abschnitte beantworten, um weitergehende Verstrickungen und Beschwerden zu überprüfen und Ihren Hilfebedarf zu klären.

3.2 Wie verstrickt sind Sie?

Die zweite Merkmalliste testet typische abhängigkeitsspezifische Probleme und Auffälligkeiten. Die Liste soll Ihnen helfen, das Ausmaß und die Schwere Ihrer Verstrickungen einzuschätzen.

Co-Abhängigkeit ist – so ist meine Erfahrung mit Betroffenen und auch meine Selbsterfahrung – durch eine hohe Abwehr gekennzeichnet. Gerade stark Betroffene bagatellisieren oder verleugnen nicht selten ihre Problematik. Ängstliche oder hoch sensible Charaktere dahingegen neigen dazu, eigene Zustände und Probleme zu dramatisieren. Falls Sie die Merkmalliste ausfüllen, tun Sie es bitte mit einer gehörigen Portion Nüchternheit und Ehrlichkeit.

Übung 2: Wie verstrickt sind Sie? Beantworten Sie die folgenden Aussagen bitte so, wie es für Sie zutreffend ist. Beschönigen oder dramatisieren Sie Ihre Situation nicht, sondern antworten Sie möglichst aufrichtig.	trifft nicht zu	trifft eher zu	trifft voll zu
1. Alles dreht sich immer nur um ihn / sie.	0	1	2
2. Ich sorge mich ständig um ihn / sie und rotiere innerlich, wie ich ihm / ihr helfen kann, die Sucht in den Griff zu bekommen.	0	1	2
3. Ich würde wirklich alles dafür tun, dass er / sie aufhört.	0	1	2
4. Ich habe für ihn / sie Schulden bezahlt oder ihm / ihr Geld gegeben, obwohl mir klar ist, dass er / sie es für die Sucht ausgibt.	0	1	2

5. Aus Angst habe ich ihm / ihr auch schon Suchtmittel besorgt. 0 1 2

6. Ich bin mir sicher, er / sie wird aufhören, wenn ich ihn / sie nur richtig liebe. 0 1 2

7. Ich bin mir sicher, es muss einen Weg geben, ihm / ihr zu helfen. 0 1 2

8. Ich halte zu ihm / ihr, obwohl ich dadurch Nachteile erfahre. 0 1 2

9. Wegen der Probleme mit ihm / ihr vernachlässige ich meine sozialen Kontakte, meine Interessen und Hobbys oder meine Arbeit. 0 1 2

10. Ich verhalte mich ihm / ihr gegenüber häufig inkonsequent. 0 1 2

11. Ich würde gerne mehr Abstand zu ihm / ihr herstellen, schaffe es aber nicht. 0 1 2

12. Ich falle irgendwie immer wieder auf seine / ihre Versprechungen, endlich aufzuhören, herein. 0 1 2

13. Ich verschweige, verheimliche und vertusche seine / ihre Sucht vor anderen. 0 1 2

Auswertung

- Haben Sie alle Merkmale mit »0« oder die meisten Aussagen mit »0« und nur wenige mit »1« angekreuzt? Eine Co-Abhängigkeit liegt bei Ihnen vermutlich nicht vor. Nichtsdestotrotz nutzen Sie bitte die dritte Merkmalliste, um Ihre emotionale Belastung zu testen.
- Haben Sie einige oder viele Aussagen mit »1« und »2« angekreuzt? Dies ist als Hinweis zu verstehen, dass Sie sich weitergehend verstrickt haben. Sie sind sehr damit beschäftigt, dem Suchtkranken helfen zu wollen. Sie vernachlässigen sich selbst, Ihre Bedürfnisse, Ziele und Interessen. Die angekreuzten Aussagen zeigen Ihnen auf, in welchem Ausmaß Sie die Kontrolle über Ihre persönliche Unabhängigkeit verloren haben.

Sie sollten sich dringend bei Familie oder Freunden Hilfe holen, um Abstand zu gewinnen und Ihre Unabhängigkeit wiederherzustellen. Gegebenenfalls – besonders dann, wenn Sie niemanden haben, mit dem Sie über Ihre Probleme reden können – lohnt sich auch der Gang in die Selbsthilfegruppe, zur Suchtberatung oder zum Psychotherapeuten. In den Kapiteln fünf bis sieben finden Sie wertvolle Hinweise, was Sie für sich tun können und wo Sie geeignete Hilfe finden.

Sollten Sie sich als professioneller Helfer verstrickt haben, ist Ihre Effektivität in Bezug auf den jeweiligen Klienten als beeinträchtigt einzustufen. Sie benötigen kollegiale Beratung und sollten gegebenenfalls den betreffenden Klienten abgeben. Sollten Sie sich bei vielen Klienten in dieser Form verstrickt haben, ist Ihre augenblickliche Eignung, mit Suchtkranken zu arbeiten, infrage zu stellen. Sie benötigen dringend Supervision, um wieder einen klaren Kopf zu gewinnen.

3.3 Wie beeinträchtigt sind Sie?

Die Aussagen der dritten Merkmalliste spiegeln die typischen psychischen und sozialen Beschwerden und Beeinträchtigungen wieder, die mit Verstrickungen bzw. dem Verlust der Unabhängigkeit einhergehen.

Übung 3: Wie beeinträchtigt sind Sie?

Beantworten Sie die folgenden Aussagen bitte so, wie es für Sie zutreffend ist. Beschönigen oder dramatisieren Sie Ihre Situation nicht, sondern antworten Sie möglichst aufrichtig.

	trifft nicht zu	trifft eher zu	trifft voll zu
1. Ich schäme mich für seine / ihre Suchtprobleme.	0	1	2
2. Ich fühle mich verantwortlich oder schuldig für seine / ihre Suchtprobleme.	0	1	2
3. Ich tue eine Menge, um nach außen den Schein der heilen Welt zu wahren.	0	1	2

4.	Ich bin bemüht, immer freundlich zu sein, und schlucke oft meinen Ärger herunter.	0	1	2
5.	Ich kann mich ihr / ihm gegenüber, aber auch anderen gegenüber nicht oder nur schlecht abgrenzen und Nein sagen.	0	1	2
6.	Ich bemühe mich ständig, es ihm / ihr und auch anderen recht zu machen.	0	1	2
7.	Ich habe seinetwegen / ihretwegen häufiger Wutausbrüche oder habe Zustände, in denen ich von Angst, Trauer oder Verzweiflung überwältigt werde.	0	1	2
8.	Ich bin leicht zu verunsichern und zweifle schnell an mir.	0	1	2
9.	Mein Selbstwertgefühl ist gering.	0	1	2
10.	Ihm / Ihr gegenüber fühle ich mich insgeheim groß und stark. Ohne mich käme er / sie nicht zurecht.	0	1	2
11.	Ich habe hohe Ansprüche an mich, aber geringe an ihn / sie und andere.	0	1	2
12.	Ich funktioniere zwar äußerlich, fühle mich aber wie eine leere Hülle.	0	1	2
13.	Ich bin erschöpft, müde oder lustlos.	0	1	2
14.	Ich bin zumeist niedergeschlagener, freudloser oder pessimistischer Stimmung.	0	1	2
15.	Ich bin allgemein unsicher, nervös und ängstlich.	0	1	2
16.	Ich bin oft teilnahmslos oder gleichgültig.	0	1	2
17.	Ich bin so unsicher, dass ich mich ihm / ihr unterordne und irgendwie hörig bin.	0	1	2
18.	Ich lasse seine / ihre Abwertungen und Übergriffigkeiten über mich ergehen, ohne mich groß zu wehren.	0	1	2
19.	Ich habe eigene Probleme mit Suchtmitteln oder Suchtverhalten, z. B. Alkohol, Medikamenten, Drogen oder Essen.	0	1	2

Auswertung

- Falls Sie in den Merkmallisten 1 und 2 einige Aussagen als voll zutreffend beantwortet haben, werden Sie vermutlich ebenso in Liste 3 das eine oder andere Merkmal hoch angekreuzt haben. Diese Antworten verweisen auf zusätzliche emotionale Beeinträchtigungen, die Verstrickungen gewöhnlich begleiten, z. B. starke Schuldgefühle, Erschöpfung, übermäßige Freundlichkeit oder Mangel an Abgrenzungs- und Durchsetzungsvermögen. Typischerweise haben Sie hohe Ansprüche an sich, aber geringe an den Suchtkranken und andere. Weitere psychische Beschwerden können mit Ihren Verstrickungen einhergehen, wie z. B. Ängste, Selbstwertprobleme, Depressionen oder eigene Suchtprobleme.
  Wie schon gesagt: Sie benötigen Unterstützung, um die Verstrickungen zu überwinden, Ihr inneres Gleichgewicht und Wohlbefinden wiederherzustellen und Selbstbestimmung und Handlungsfreiheit zurückzugewinnen. Sollten Sie ernsthafte psychische Störungen haben oder leiden Sie bis heute übermäßig darunter, in einer Suchtfamilie aufgewachsen zu sein, geht es darum, dass Sie Ihre psychische Gesundheit wiedererlangen. Scheuen Sie bitte nicht davor zurück, eine geeignete Beratungsstelle oder einen Psychotherapeuten aufzusuchen. Im siebten Kapitel werden Sie darüber informiert, welche Stellen für Sie infrage kommen.
- Was dahingegen bedeutet es, wenn Sie in der zweiten Merkmalliste keine Auffälligkeiten gefunden haben, aber nun mehrere Merkmale der dritten Liste mit »2« angekreuzt haben? In diesem Fall liegt keine Co-Abhängigkeit vor, doch ist das Ergebnis als Hinweis zu deuten, dass Sie übermäßig unter der Situation leiden und ernsthafte psychische Beschwerden haben. Auch in diesem Fall geht es für Sie darum, Ihr Wohlbefinden und Ihre psychische Gesundheit wiederherzustellen. Holen Sie sich Unterstützung bei Familie und Freunden. Überlegen Sie, ob sich gegebenenfalls der Gang zum ambulanten Psychotherapeuten für Sie lohnt.

4 Wie und warum entstehen Verstrickungen?

Falsche Hoffnung ist der co-abhängige Kick und Rausch.

Sie haben nun schon gelernt, sich selbst einzuschätzen, wie sehr Sie betroffen sind. Um Verstrickungen gezielt anzugehen, ist die Kenntnis der Gründe und Ursachen hilfreich. Ihre Mit-Betroffenheit als Angehörige und die vielfältigen Folgen und Leiden sind als ein komplexes Phänomen zu betrachten. Erst das ungünstige Zusammenspiel von in Ihrer Person liegenden Eigenschaften mit äußeren ungünstigen Gegebenheiten Ihrer Lebenssituation schaffen die Voraussetzungen, dass bei Ihnen Verstrickungen entstehen und wachsen können. So wie die konkreten Probleme im individuellen Fall stark variieren können, kann sich auch die Entstehungsgeschichte von Person zu Person sehr unterscheiden. Folgende Faktoren werden Ihnen in diesem Kapitel vorgestellt:

1. *Nichtbeachtung:* Süchtige sind selbstsüchtig, Angehörige selbstlos. Infolgedessen erfahren Suchtkranke viel Zuwendung und Sie als Angehörige wenig Aufmerksamkeit.
2. *Stress:* Ihr Alltag mit einem Suchtkranken ist stressig. Ein Zuviel an Problemen und Belastungen kann krank machen.
3. *Gender:* Frauen kümmern sich gerne. Ein Übermaß an Fürsorge kann zu Verstrickungen führen.
4. *Freundlichkeit:* Positive persönliche Eigenschaften wie Freundlichkeit, Rücksichtnahme und Toleranz können vom Suchtkranken ausgenutzt werden, mit ungünstigen Folgen für Sie als Angehörige.
5. *Selbstvertrauen:* Wenn Ihr Selbstvertrauen schon einen Knacks hat, sind Sie anfällig für Verstrickungen. Der Verlust von Unabhängigkeit mindert wiederum Ihr Selbstwertgefühl.
6. *Suchtfamilie:* In einer Suchtfamilie aufzuwachsen, ist verbunden mit einem riesigen Tabu. Es ist metaphorisch wie ein »Elch im Wohnzimmer«, über den niemand sprechen darf.

Bevor Sie weiterlesen, haben Sie die Möglichkeit, sich und Ihre Situation im Aktionskasten einzuschätzen. So brauchen Sie nur die Abschnitte lesen, die Sie betreffen (»trifft eher / sehr zu«). Spannend ist es auch, nach dem Lesen des Kapitels die Einschätzung zu wiederholen, um zu überprüfen, ob sich etwas an Ihrer Wahrnehmung verändert hat.

Aktion

Bitte nehmen Sie sich ein wenig Zeit und vergegenwärtigen Sie sich nochmals in Ruhe die Geschichte oder Lebenslinie Ihrer Verstrickungen. Bitte schätzen Sie dann ein, wie weit die folgenden Bedingungen auf Ihre Situation zutreffen.

1. Kümmern sich alle um den Suchtkranken und finden Sie wenig Beachtung?

   O trifft nicht zu   O trifft weniger zu   O trifft eher zu   O trifft sehr zu

2. Werden Sie in der Hilfe für den Suchtkranken durch eine starke bemutternde, fürsorgliche und versorgende Haltung angetrieben? (Auch wenn Sie ein Mann sind, dürfen Sie selbstverständlich diese Frage beantworten.)

   O trifft nicht zu   O trifft weniger zu   O trifft eher zu   O trifft sehr zu

3. Schätzen Sie sich in Ihrer persönlichen Art und Weise als zu freundlich, tolerant, hilfsbereit und / oder nachsichtig ein, sodass der Suchtkranke Sie ausnutzen kann?

   O trifft nicht zu   O trifft weniger zu   O trifft eher zu   O trifft sehr zu

4. Ist Ihr Selbstwertgefühl gering und können Sie sich nur schlecht vom Suchtkranken abgrenzen oder sich vor seinen Übergriffen schützen?

   O trifft nicht zu   O trifft weniger zu   O trifft eher zu   O trifft sehr zu

5. Hatte während Ihrer Kindheit jemand aus Ihrer Familie, Eltern, Geschwisterkind oder Großeltern, ein ernsthaftes Suchtproblem, was das Familienleben stark prägte und worunter Sie damals litten oder bis heute leiden?

O trifft nicht zu   O trifft weniger zu   O trifft eher zu   O trifft sehr zu

Gibt es weitere Gründe für Ihre Verstrickungen, die nicht erwähnt wurden? Falls dies zutrifft, ist hier ein wenig Raum, diese auch stichwortartig zu notieren:

4.1 Süchtige sind selbstsüchtig, Angehörige selbstlos

Abhängigkeit ist stets ein soziales System. Das ist ein Leitsatz der modernen Suchthilfe. Das System, nicht das Symptom, sollte behandelt werden, so ist der plakative Anspruch. Lassen Sie mich Ihnen das abhängige System zum besseren Verständnis näher vorstellen. Ich möchte Ihnen gerne die spezielle grundlegende und unmittelbare Dynamik zwischen den beiden Hauptfiguren des Systems, dem Suchtkranken und Ihnen, der betroffenen Angehörigen, nahebringen. Sie können sich dieser subtilen Dynamik nicht entziehen. Sie geschieht, sobald Sie in einen näheren, helfenden Kontakt zu einem Suchtkranken treten. Doch Sie können sich die ungünstigen Abläufe bewusst vor Augen führen, um die negativen Folgen für Sie abzumildern und die Verstrickungen gering zu halten.

Einbahnstraße. Die Dynamik zwischen dem Suchtkranken und Ihnen ist begründet in dem selbstsüchtigen Denken und Fühlen von Suchtkranken und Ihrem entgegengesetzten, selbstlos helfenden Engagement. Beherrscht von der Sucht, manipuliert der Suchtkranke selbstsüchtig und rücksichtslos im Sinne seiner süchtigen Ziele. Sie als Angehörige kümmern sich selbstlos und verantwortungsvoll in dem mitmenschlichen Wunsch, helfen zu wollen. Die Beziehung zwischen dem Suchtkranken und Ihnen ist daher als eine Einbahnstraße zu verstehen: Sie geben und investieren Zeit, Mühe, Fürsorge, Zuwendung und Liebe. Häufig kostet Sie die helfende Beziehung auch noch Geld, Nerven und Gesundheit. Der Suchtkranke nimmt und konsumiert nicht nur sein Suchtmittel, sondern auch Ihre helfenden Bemühungen. Das muss ich Ihnen nicht weiter erläutern, denn diese Einbahnstraße von Geben und Nehmen ist Ihnen zweifelsohne nicht fremd.

Suchtzentrierung. Sie sind als Angehörige fast nie allein in Ihrer Sorge. Viele engagieren sich: Eltern, Partner, Kinder, Geschwister, Freunde, Arbeitskollegen, Lehrer, Trainer, Jugendhelfer, Ärzte, Psychologen, Sozialarbeiter, Suchthelfer, Suchttherapeuten usw. Im Durchschnitt, so sind meine Erfahrungen, bemühen sich drei bis vier Personen um einen Suchtkranken, häufig ohne voneinander zu wissen. Oder die Helfer konkurrieren sogar, wer der beste und einzig richtige Helfer sei. Sie können in diesem Fall in ihrer Helferkonkurrenz vom Süchtigen gegeneinander ausgespielt und ausgenutzt werden.

Abgesehen von einzelnen Personen, die helfen wollen, gibt es in unserem Land eine Reihe von Institutionen und Organisationen, die sich mit hohem Aufwand ehrenamtlich oder professionell engagieren: Einrichtungen der Suchthilfe und Suchtprävention, Selbsthilfe, Fachverbände, Gesundheitspolitik, Forschung und Wissenschaft, Kirche, Schule, Bildungsträger, Jugend- und Familienhilfe, Sport und Vereine usw. Auch diese beteiligen sich nicht selten an der Helferkonkurrenz.

Aktion

Gruppieren Sie alle in Ihrem Fall involvierten Helfer oder Helferinstitutionen um den Suchtkranken herum und verbinden Sie die Helfer und den Suchtkranken mit Pfeilen, die den Fluss von Aufmerksamkeit, Mühe, Zuwendung etc. symbolisieren. Bitte tragen Sie in einer anderen Farbe auch Helfer und Helfereinrichtungen ein, die noch nicht involviert sind, doch dem Suchtkranken potentiell zur Verfügung stehen könnten.

Sie können vermutlich anhand Ihres Falles erkennen, dass der Suchtkranke »kuschelig« eingebettet ist in ein engmaschiges Helfernetzwerk. Kein Suchtkranker in unserem Land, der nicht vielfache Unterstützung erfährt, wenn er sie wünscht und annimmt. Es fließt eine Menge an Aufmerksamkeit, Zeit, Mühe, Geld, Zuwendung und Liebe von vielen Personen und Einrichtungen in eine feste Richtung, zum Suchtkranken hin. Die Dynamik ist eindeutig: Abhängigkeit ist ein soziales System und hat stets eine suchtzentrierte Dynamik.

Nichtbeachtung. Doch da es hier um Sie als Angehörige geht, möchte ich auf etwas anderes hinaus. Es gibt eine komplementäre Dynamik, die Sie als Angehörige betrifft. Das, was zum Suchtkranken hinfließt, fließt von Ihnen weg. Die komplementäre co-abhängige Dynamik mit Blick auf Sie als Angehörige kann als eine Gesetzmäßigkeit mit zwei Effekten zusammengefasst werden:

1. Als verstrickte Angehörige tun Sie in Ihrem helfenden Einsatz unbewusst, ohne Absicht, eine Menge dafür, dass Sie nicht beachtet werden und keine Zuwendung erfahren.
2. Die Fokussierung auf den Suchtkranken aller beteiligten Helfer und Institutionen führt dazu, dass Sie als still leidende Angehörige übersehen und vergessen werden und nicht die notwendige Zuwendung erhalten, die Sie eigentlich in der für Sie schwierigen Situation benötigen.

Bitte vergegenwärtigen Sie sich alle oben beschriebenen Merkmale und Auffälligkeiten von Verstrickungen. Sie werden bei fast allen die suchtzentrierte bzw. co-abhängige Tendenz finden, die bewirkt, dass der Suchtkranke jede Menge Aufmerksamkeit und Sie als Angehörige kaum Beachtung finden. Das ist im Prinzip erst einmal kein großes Problem und bedingt hilfreich, soweit der Suchtkranke einsichtig und veränderungsbereit ist und die Dynamik positive Wirkung entfaltet. In diesem Fall geschieht mithilfe des Engagements aller Besserung oder sogar Heilung des Suchtkranken. Davon wiederum profitieren auch Sie und das ganze soziale Umfeld.

Problematisch wird es erst dann, wenn der Süchtige uneinsichtig ist. Das ist, wie wir wissen, leider häufig der Fall, denn Sucht ist oftmals eine Krankheit mit chronischem Verlauf. Der Süchtige ist dann ein Fass ohne Boden, in dem der Einsatz an Aufmerksamkeit, Zeit, Mühe, Geld, Zuwendung und Liebe versickert. In diesem Fall haben Sie als Helferin und alle anderen Beteiligten ein echtes Problem. Das Problem fällt dann nämlich auf Sie und alle anderen zurück. In der Psychologie weiß man, dass das Bedürfnis nach Beachtung und Anerkennung genauso existentiell ist wie atmen, essen, trinken und schlafen. Die Frage drängt sich auf: Was passiert bei Ihnen als Angehörige, wenn Sie dauerhaft dieser ungesunden Dynamik der Nichtbeachtung ausgesetzt sind? Dieselbe Frage stellt sich zweifelsohne genauso drängend bei professionellen Suchthelfern. Die Nichtbeachtung kann gewissermaßen als ihr Berufsrisiko verstanden werden.

Es ist mir bewusst, dass es schwere Kost für Sie ist. Vielleicht ist Ihnen die Geschichte schon lange klar, vielleicht aber sind Sie auch erst einmal geschockt. Deswegen legen Sie bitte den Ratgeber für einen Moment zur Seite und denken Sie in Ruhe darüber nach. Es ist mir ganz wichtig, dass Sie diesen co-abhängigen Kernprozess verstehen, dem Sie als Angehörige unterliegen und dem Sie sich nicht entziehen können. Nur dann können Sie wirklich durchschauen, was mit Ihnen im Kontakt zu einem Suchtkranken gleichermaßen subtil, doch unmittelbar geschieht, wie Verstrickungen heimtückisch entstehen und wachsen und wie Sie sich darin unbeabsichtigt und ohne großes Zutun verlieren können. Nur dann können Sie sich obendrein von der Fixierung auf den Suchtkranken befreien, sich selbst die Beachtung schenken, die Sie brauchen, und so die Folgen der ungünstigen Situation für Sie selbst abmildern und begrenzen. Und nur dann können alle Maßnahmen und Strategien, die in Kapitel fünf und sechs vorgestellt werden, bei Ihnen greifen und konstruktive Wirkung entfalten.

4.2 Zu viel Stress macht krank

Sie werden es beileibe kennen: Der nähere Kontakt mit einem Suchtkranken ist stressig. Alles in allem gehen Sie als betroffene Angehörige in der schleichend eskalierenden Situation häufig über Ihre Grenzen und erfahren persönliche und soziale Verunsicherung. Als Sie heranwuchsen, lernten Sie allerhand für das Leben, aber niemand bereitete Sie darauf vor, wie es ist, mit einem Suchtkranken zusammenzuleben. Sucht ist eine chronische und unkontrollierbare Krankheit und setzt viele selbstverständlich erscheinende Regeln, Normen und Werte des zwischenmenschlichen Miteinanders außer Kraft. Die Suchtkrankheit hat eigene Regeln, die von außen betrachtet irrational, widersinnig und destruktiv erscheinen.

In Stresssituationen, wie dem Zusammenleben mit einem Suchtkranken, ist Ihr ganzes Streben darauf ausgerichtet, Ohnmacht zu überwinden und wieder Kontrolle über die Situation zu erlangen. In vielen, den meisten, Fällen klappt dies auch. Viele Angehörige haben mit ihren liebevollen Bemühungen früher oder später Erfolg. Der ausstiegswillige Suchtkranke nimmt die fürsorgliche Unterstützung dankend an. Vielleicht klappt es nicht sofort, denn eine Suchtkrankheit zu überwinden ist zumeist ein langwieriger Prozess, der Zeit kostet. Doch er macht sich auf den Weg. Das bedeutet auch für Sie, es gibt ein Licht am Ende des Tunnels. Er reduziert den Konsum, besucht eine Selbsthilfegruppe oder beginnt eine Therapie und hört schließlich ganz auf zu konsumieren. Der Stress hat sich dann auch für Sie gelohnt. Sie können in diesem Fall durchatmen, sich freuen und sich erholen.

Eskalationsspirale. Was ist aber, wenn der Süchtige unwillig ist, sich zu verändern? In diesem Fall entmachtet seine Sucht Ihre Bemühungen um Kontrolle. Absprachen werden vom Süchtigen eher früher als später gebrochen. Er verhält sich uneinsichtig und unberechenbar. Eine Abhängigkeitserkrankung ist durch ein Hauptsymptom gekennzeichnet, nämlich dem Kontrollverlust. So kann es zu einem Teufelskreis aus Ihrem Bemühen um Kontrolle und dem süchtigen Kontrollverlust kommen. Diese Verstrickung ist problematisch, aber zunächst keineswegs als krank zu bewerten. Psychisch gesunde Personen realisieren gewöhnlich Ihre Ohnmacht und ziehen eigenständig und mit Unterstützung von Familie und Freunden die notwendigen Konsequenzen, um sich aus der Eskalationsspirale zu befreien.

Wenn Sie als Betroffene nicht ausreichende persönliche und soziale Ressourcen haben, kann es aber sein, dass Sie den Stress nicht abschütteln und hinter sich lassen können. Die Situation entgleitet Ihnen schleichend. Um das wachsende Gefühl der Ohnmacht zu überwinden, verstärken Sie Ihre Bemühungen, doch noch Kontrolle zu erlangen. Je verzweifelter Sie sich bemühen, desto mehr fühlt sich der Suchtkranke entmündigt. Da er es nicht besser weiß und kann, entmachtet er wiederum Ihre Bemühungen durch seine Sucht. Der Konsum bzw. das Suchtverhalten kann auch als verkappter Versuch verstanden werden, seine Autonomie gegenüber Ihrer Bevormundung zu wahren.

Der beschriebene Teufelskreis aus Kontrolle, Kontrollverlust und Ohnmacht wird zu einem immer größer werdenden Strudel, der auch Sie mit sich reißt und alles durcheinanderwirbelt. Der Teufelskreis verfestigt sich. Sie verlieren sich darin und brennen nach und nach aus. Tief greifende Erschöpfung, Depressionen, Ängste, psychosomatische oder traumatische Beschwerden können hinzukommen. Ihre persönliche Situation kann sich dermaßen verschärfen, dass Sie sich aus eigener Kraft nicht mehr befreien können.

Aktion

Bitte schätzen Sie von »0« bis »10« ein, wie sehr Sie sich alles in allem schon in der Eskalationsspirale verloren haben.

0	1	2	3	4	5	6	7	8	9	10
gar nicht		ein wenig		problematisch			sehr belastend		völlig verloren	

4.3 Frauen kümmern sich gerne

Als Leser dieses Ratgebers sind Sie aller Wahrscheinlichkeit nach eine Frau. Oder – weniger wahrscheinlich – Sie gehören zu den modernen Männern, die eher weiblich assoziierte Werte wie Mitgefühl und Fürsorge in Ihr Rollenbild integriert haben? In beiden Fällen trifft dieser Abschnitt auf Sie zu.

Die meisten co-abhängig Betroffenen sind Frauen: vornehmlich Mütter, Partnerinnen, Großmütter, Töchter oder Schwestern. Wie bereits beschrieben, wissen wir, dass Töchter – nicht jedoch Söhne – mit mindestens einem suchtkranken Elternteil ein deutlich erhöhtes Risiko haben, später als Erwachsene einen alkoholkranken Partner zu wählen. Es kann daraus geschlussfolgert werden, dass die co-abhängige Rolle in einer weiblichen Linie von Generation zu Generation weitergereicht wird. Nachdem die Betroffenen als Mädchen viel zu früh Verantwortung für die Ausfälle ihrer suchtkranken Eltern übernehmen müssen, füllen sie ebenso als erwachsene Frau eine übermäßige Verantwortung für den suchtkranken Partner aus. Um schließlich als Mutter bei den eigenen suchtgefährdeten Kindern nicht mehr die Last der Verantwortung ablegen zu können.

Selbstverständlich gibt es auch betroffene Väter, Partner und Söhne. Doch statistisch betrachtet, haben sie kein erhöhtes Risiko. Väter scheinen besser in der Lage zu sein, sich von Schuldgefühlen und von einem suchtkranken Kind zu distanzieren. Partner von suchtkranken Frauen dürften eher geneigt sein, einen klaren Schlussstrich zu ziehen und die Beziehung zu beenden. Söhne aus Suchtfamilien können sich vermutlich in ihrem männlichen Unabhängigkeitsstreben besser von der Herkunftsfamilie distanzieren oder wechseln in der Jugend die Seite und gehen den süchtigen Weg. Es darf jedoch vorhergesagt werden, dass mit Aufweichen des männlichen Geschlechterklischees in Zukunft mehr Männer von Verstrickungen betroffen sein werden.

Ambivalenz. Es ist anzunehmen, dass der co-abhängige Gendereffekt auf die klassischen Rollenerwartungen an Frauen als die Zuständigen für den familiären Zusammenhalt, die emotionale Versorgung und die Fürsorge im Krankheitsfall zurückgeht. Die Konfrontation mit einem Suchtkranken fordert die gesellschaftlichen Erwartungen an Frauen heraus bzw. aktiviert das verinnerlichte weibliche Verantwortungsbewusstsein und Selbstideal. Die Fürsorge um den Suchtkranken ist entsprechend mit gesellschaftlicher Anerkennung und Selbstbestätigung verbunden, die die Nachteile der unangenehmen Situation und das eigene Leiden erträglich erscheinen lassen.

Aus einer solchen genderspezifischen Perspektive ist Ihre problematische Inkonsequenz als betroffene Frau differenziert zu bewerten. Auch Sie als Frau erleben, ausgelöst durch das unangenehme Verhalten des Suchtkranken, Widerwillen und Ärger. Sicherlich haben Sie manchmal Gedanken, Impulse oder Absichten, für Klarheit zu sorgen, Bedingungen zu stellen, sich abzugrenzen oder auch sich zu trennen. Doch diese Absichten werden den höher bewerteten, weiblichen Ansprüchen von liebevoller Zuwendung und Fürsorge untergeordnet. Die darin begründete persönliche, zwiespältige Haltung – in der Fachsprache auch Ambivalenz genannt – könnte wie folgt zusammengefasst werden: *Die*

Situation ist nicht schön, doch er ist krank und braucht meine Hilfe. Ich will ihm helfen. Es ist meine Aufgabe als Mutter / Frau / Tochter / Schwester ... Er wird es mir danken.

Aufopferung. Ihre fürsorgliche Haltung ist daher zunächst positiv zu würdigen. Es ist schön, dass Sie hilfsbereit, feinfühlig und zugewandt sind. Das ist eine Kompetenz, ein Talent und noch viel mehr. Doch falls der Süchtige uneinsichtig bleibt, birgt Ihre Haltung ein großes Problem für Sie selber. Dann nämlich geraten Sie in eine unerträgliche innere Spannung und Zerrissenheit zwischen Ihrem Erleben (Widerwille, Ärger) sowie Ihrem weiblichen Selbstkonzept (Fürsorge). Sie geraten in eine persönliche Krise. Nun haben Sie im Grunde genommen zwei Möglichkeiten. Entweder Sie grenzen sich konsequent ab. Das wäre der gesunde Weg. Oder aber Sie wählen den zweiten Ausweg. Sie halten Ihr aufopferndes Fähnchen weiter tapfer in den rauen Wind des Alltags. Dazu müssen Sie jedoch Ihren störenden Widerwillen und Ärger in den Griff bekommen und der fürsorglichen Aufopferung unterordnen. Folgende drei Abwehrstrategien sind typisch:

1. Sie werten Ihr emotionales Erleben ab, z. B. »*Stell dich nicht so an!*« oder »*Ärgern bringt nichts, bleib vernünftig!*«
2. Sie reden die Situation schön oder entschuldigen sein Verhalten, z. B. »*So schlimm ist es nicht*« oder »*Er hat es doch so schwer*«.
3. Sie verleugnen die Suchtproblematik, z. B. »*Jeder trinkt Bier, dann wären wir ja alle Trinker*«.

Dieser zweite co-abhängige Weg hat einen großen Vorteil: Ihr persönlicher Leidensdruck wird sehr schnell abgebaut. Der erste Weg der konsequenten Abgrenzung hat Streit zur Folge und verschärft unmittelbar Ihre Situation. Langfristig führt der konfliktträchtige Weg zur Klärung der Situation, aber kurzfristig ist er für Sie von Nachteil, weil Sie ja schon im Stress stehen und Ihre Energien erschöpft sind. Der Weg der Aufopferung ist kurzfristig betrachtet also die bessere, von schnellem Erfolg gekrönte Handlungsoption.

Allerdings hat die aufopfernde Strategie langfristig betrachtet den

Nachteil, dass Sie als Betroffene immer mehr aus dem persönlichen Gleichgewicht geraten, indem Sie in der übermäßigen Sorge für den Suchtkranken die eigenen Bedürfnisse, Interessen und Ziele vernachlässigen und sich selber nach und nach aufgeben. Das nun ist der Moment, in dem aus den Verstrickungen eine Co-Abhängigkeit bzw. aus dem Problem eine Störung erwächst. Die co-abhängige Haltung drückt sich wie folgt aus: *Er ist krank und braucht mich. Ich darf nicht egoistisch sein, muss mich zusammenreißen und mein Bestes geben. Wenn ich ihn wie eine gute Mutter/Frau/Tochter/Schwester ... liebe, werde ich ihn retten. Dann wird alles gut werden.*

4.4 Ihre Freundlichkeit kann ausgenutzt werden

Personen mit hohen mitmenschlichen, prosozialen Überzeugungen sind nach meinen Erfahrungen stärker für Verstrickungen im Zusammenleben mit einem Suchtkranken gefährdet. Damit ist im Grunde eine ähnliche unbalancierte und einseitige zwischenmenschliche Dynamik angesprochen, wie sie Ihnen genderbezogen vorgestellt wurde. Der prosoziale Faktor geht jedoch über die weiblich-fürsorglichen und aufopfernden Aspekte hinaus und macht deutlich, warum auch professionelle (Sucht-)Helfer ein besonders hohes Verstrickungsrisiko haben.

Das Engagement für einen Suchtkranken benötigt eine gehörige Portion an Uneigennützigkeit und Gutmütigkeit. So werden Sie vermutlich wie die meisten Angehörigen (und auch professionelle Helfer) mit einem großen Maß an Hilfsbereitschaft, Geduld, Freundlichkeit, Höflichkeit, Toleranz, Gewissenhaftigkeit oder Nachsicht ausgestattet sein. Diese sozialen Eigenschaften schmücken Sie als Person und sind dem menschlichen Zusammenleben gewöhnlich zuträglich. Wenn alle Menschen so mitfühlend und sozial wären wie Sie als Angehörige, die sich sorgt und kümmert, dann wäre diese Welt vermutlich liebevoller und friedlicher. Im Zusammentreffen und -leben mit einem Suchtkranken hingegen sind Sie mit Ihrer Freundlichkeit und Nachsicht gegenüber den hochgerüsteten, süchtigen Täuschungen, Lügen und Betrügereien im Nachteil. Durch die sozialen Eigenschaften können Sie zum Spielball der süchtigen Manipulationen werden.

Harmoniesucht. Ein Übermaß an Freundlichkeit und Nachsicht ist folglich in Ihrer Situation problematisch, aber Sie können obendrein daran erkranken. Wenn Sie das eigene Selbsterleben, also persönliche Bedürfnisse, Wünsche, Empfindungen und Gefühle, unterdrücken und verleugnen, dann entwickelt sich eine co-abhängige Störung. Dieser Mechanismus ähnelt der oben beschriebenen weiblichen Aufopferung, allerdings ist die Motivation eine etwas andere. Hintergrund hierfür sind in der Kindheit gelernte und tief in der Persönlichkeit verankerte Gebote und Verbote: *»Man muss stets höflich sein!«, »Lass dich niemals gehen!«, »Reiß dich zusammen!«, »Sei lieb!«, »Sei nicht so egoistisch!«, »Du darfst nicht böse sein!«, »Man redet nicht schlecht über andere!«* Gewöhnlich werden solche Gebote und Verbote durch Liebesentzug durchgesetzt, frei nach dem Motto, brave Kinder werden belohnt und unartige Kinder bestraft.

In diesem Dilemma von Anpassung oder Auflehnung stehen Sie auch als Erwachsene ständig. Mal entscheiden Sie in die eine, mal in die andere Richtung, sodass eine gesunde Balance entsteht. Es gibt indes Menschen, die als Kinder besondere elterliche Strenge erfahren und darüber bleibende Ängste entwickeln, Verbote zu übertreten. Als Erwachsene kann daraus eine übermäßige Harmoniebedürftigkeit erwachsen. Bedürfnisse nach Autonomie werden der Harmoniesucht untergeordnet. Trifft dies auf Sie zu? In diesem Fall begründet die Harmoniesucht Ihre Co-Abhängigkeit. Aus der Angst anzuecken sind Sie fortwährend bemüht, es anderen recht zu machen. Wünsche nach Unabhängigkeit und Selbstbestimmung kommen so zu kurz. Sie sind in dieser Schwäche leicht auszunutzen. Diese Unbalanciertheit bzw. Harmoniesucht liegt übrigens häufig Abhängigkeitsproblemen zugrunde und drückt sich durch typische (co-)abhängige Einstellungen aus:

- *Ich muss stets bemüht und freundlich sein, damit ich gemocht und nicht verlassen werde.*

- *Streiten ist eine menschliche Niederung. Ich muss vernünftig bleiben. Dann wird schon alles gut werden.*
- *Die Kinder sollen nichts mitbekommen. Sie brauchen ihren Vater. Ich darf mich nicht trennen.*
- *Ich habe keinen Grund, mich zu beschweren. Eigentlich ist er liebenswürdig. Wenn er nicht die falschen Freunde hätte.*
- *Er hat so viele Talente. Was aus ihm werden könnte? Wenn nur der Alkohol nicht wäre. Wenn ich mich zusammenreiße, werden wir es schon schaffen.*
- *Ich muss mein Schicksal mit Bescheidenheit und Demut ertragen.*

Aktion

Haben Sie sich in den Schilderungen wiedergefunden? Was waren die wichtigsten Gebote und Verbote, die Ihnen von Ihren Eltern mit auf den Lebensweg gegeben wurden? Was sind heute Ihre verinnerlichten Selbstzweifel und -abwertungen, mit denen Sie sich selber ausbremsen? Was für Ängste halten Sie davon ab, die zu sein, die Sie eigentlich sind? Welche gutmütigen und freundlichen Einstellungen bieten dem Suchtkranken und anderen Menschen eine Steilvorlage, Sie auszunutzen?

Gebote und Verbote aus der Kindheit: z. B. *Sei nicht so egoistisch!*	Ängste und Harmoniebedürfnisse: *Sei immer rücksichtsvoll, sonst mag dich keiner!*
1.	1.
2.	2.
3.	3.

4.5 Wenn Ihr Selbstwertgefühl schon einen Knacks hat

Der Begriff »Selbstwertgefühl« kommt aus der Psychologie. Früher hätte man von Selbstvertrauen oder Selbstbewusstsein gesprochen. Hat Ihr Selbstwertgefühl oder Selbstvertrauen oder Selbstbewusstsein einen Knacks? Ist der Knacks durch die Situation mit dem Suchtkranken entstanden, oder anders herum, sind Sie aufgrund mangelnden Selbstvertrauens auf einen Suchtkranken »hereingefallen«?

Selbstwertprobleme waren auch schon in den beiden letzten Abschnitten implizit Thema. Hier soll es nun darum gehen, was in der Beziehung zu einem Suchtkranken geschehen kann, wenn eine weitere psychische Störung vorliegt. Co-abhängige Probleme gehen oftmals mit Selbstwertstörungen einher, der Fachmensch spricht von Komorbidität. Die Selbstwertstörung kann unterschiedlichen Ursprungs sein. Sie könnte Teil einer Depression, einer Angsterkrankung oder einer Traumatisierung sein. Oder sie ist Ausdruck persönlicher Unreife. Es gibt drei Möglichkeiten, wie sich eine Komorbidität entwickeln kann, die ich Ihnen nachstehend kurz aufzeigen möchte.

1. Die Co-Abhängigkeit als Ursache

Problematische Verstrickungen in der Beziehung zu einem Suchtkranken können zum einen die Entwicklung anderer psychischer Störungen begründen wie z. B.:

- Die Aussichtslosigkeit der verstrickten Situation und der Stress könnten eine depressive Entwicklung, ein Erschöpfungssyndrom, Ängste oder psychosomatische Erkrankungen hervorrufen.
- Die erfahrene psychische und physische Gewalt durch den Suchtkranken kann traumatische Beschwerden auslösen.
- Die in der suchtbelasteten Kindheit erlittenen seelischen Verwundungen können auch viele Jahre später im Erwachsenenalter in einer Traumafolgestörung aufbrechen.

2. Die Co-Abhängigkeit als Folge

Zum anderen können Verstrickungen auch auf dem Hintergrund einer psychischen Störung entstehen. Eine depressiv, phobisch, psychosomatisch oder traumatisch erkrankte Person kann das angeknackste Selbstwertgefühl durch das aufopfernde Engagement für einen Suchtkranken aufpolieren. Typische Beispiele einer solchen co-abhängigen Selbstaufwertung sind:

- Trennungs- und Verlassenheitsängste halten eine angstgestörte Person oder eine Person mit abhängiger Persönlichkeit davon ab, die angeratene Trennung vom Suchtkranken zu vollziehen.
- Eine Person mit unsicherer Persönlichkeit rettet sich in die scheinbar starken Arme eines narzisstischen Suchtkranken, um Ängste und Hilflosigkeit zu überwinden.
- Die Unfähigkeit zu einer reifen Partnerschaft und Ängste vor Intimität einer Person mit einer Persönlichkeitsstörung führen dazu, dass sie sich »gezielt« suchtkranke Partner sucht.

Viele Co-Abhängige berichten in der Therapie, dass sie es brauchten, sich in der Beziehung zum Suchtkranken groß und stark zu fühlen. Der Suchtkranke wird »missbraucht«, um von der eigenen Selbstwertproblematik abzulenken. Durch das Bemühen um den Suchtkranken sollen die eigenen Probleme stellvertretend gelöst werden: *Wenn ich es erst geschafft habe, seine Sucht unter Kontrolle zu bringen, wird alles gut werden. Wenn ich es hinkriege, aus dem süchtigen Frosch einen Prinzen zu machen, wird er aus Dankbarkeit meine Probleme lösen.* Doch wird die Rechnung ohne den Wirt gemacht, denn der Preis ist die co-abhängige Duldung der Sucht des anderen und der unangenehmen Begleiterscheinungen.

3. Wechselwirkung der Co-Abhängigkeit mit einer weiteren Störung

Die dritte Möglichkeit, dass die Co-Abhängigkeit in Wechselwirkung mit einer anderen psychischen Störung steht, ist nach meiner Erfahrung am häufigsten. Es entsteht ein ungünstiger Teufelskreis, die Störungen verstärken sich gegenseitig.

- Eine Person verliert ihren langjährigen Partner und die Arbeitsstelle. Sie wird darüber depressiv und füllt die Kränkung des Verlusts, die innere Leere und Einsamkeit, indem sie sich der Aufgabe widmet, einen Suchtkranken zu retten. Ihre vergeblichen Hilfebemühungen verstärken ihre depressiven Versagens- und Insuffizienzgefühle.
- Eine Person erlebt ein Trauma und flüchtet sich in eine tröstende und sicherheitgebende Beziehung zu einem Retter, der sich als Alkoholiker entpuppt. Aus Dank versucht die Person den neuen Partner ebenfalls zu retten und nimmt die Übergriffigkeiten des Alkoholikers dabei in Kauf. Die Person wiederholt so ihre Traumatisierung.
- Eine in ihrer Persönlichkeit unreife und unsichere Frau traut sich nicht an »echte« Männer heran und hat ausschließlich Beziehungen zu suchtkranken Männern. Die dort gemachten Beziehungserfahrungen bestätigen sie in ihrer Unreife und Unsicherheit.

Die Form und Dynamik der Komorbidität zu beachten, ist sehr wichtig, da der Erfolg oder Misserfolg einer – in diesem Fall unbedingt angebrachten – psychotherapeutischen Behandlung davon abhängt. Stellen Sie sich z. B. vor, dass eine depressive Erschöpfung auf dem Hintergrund einer Co-Abhängigkeit entstanden wäre. Eine alleinige Psychotherapie der Depression und des Ausgebranntseins wäre wahrscheinlich unzureichend. Vielleicht würde die Person durch die Depressionsbehandlung eine kurzfristige Besserung ihrer Befindlichkeit erfahren, doch das würde schnell im stressigen Alltag mit dem Suchtkranken verpuffen. Die Person fiele wieder in ihre verstrickten Verhaltensmuster zurück. Es wäre in diesem Fall deshalb vorrangig eine Behandlung der Co-Abhängigkeit angezeigt. Darüber würden auch die Depressionen abklingen.

Doch nun stellen Sie sich vor, dass es anders herum wäre, also sich die Co-Abhängigkeit auf dem Hintergrund von Depressionen und Burn-out entwickelt hätte. In einem solchen Fall wäre vor allem die Behandlung der Depressionen und des Burn-outs angezeigt. Über die Verbesserung der Stimmung und die Überwindung der Erschöpfung würde die Person vermutlich in die Lage versetzt, sich aus eigener Kraft aus den co-abhängigen Verstrickungen zu befreien. Wenn sich aber beide Störungsbilder in Wechselwirkung entwickelt haben, sollten integrativ ganzheitlich Methoden der Depressions- sowie der Abhängigkeitsbehandlung in der psychotherapeutischen Vorgehensweise zum Einsatz gelangen.

Sollten Sie in Ihrem Selbstwertgefühl erheblich eingeschränkt oder psychisch krank sein und sich in der Beziehung zu einem Suchtkranken verstrickt haben, dann bitte suchen Sie eine professionelle Stelle auf, z. B. einen Psychotherapeuten oder eine Beratungsstelle. Über geeignete Stellen, die für Sie in Betracht kommen, werden Sie im siebten Kapitel ausführlich informiert.

4.6 Zur Suchtfamilie oder vom »Elch im Wohnzimmer«

Kennen Sie die Geschichte vom »Elch im Wohnzimmer« von NACOA Deutschland? Als Kind aus einer Suchtfamilie, aber auch als Partnerin eines Suchtkranken mit gemeinsamen Kindern sollten Sie die Geschichte vom Elch und den Verband NACOA Deutschland e.V. kennen. Die Geschichte können Sie im folgenden Kasten nachlesen. NACOA ist eine Interessenvertretung für Kinder aus Suchtfamilien (*National Association for Children of Alcoholics*). Die Internetrepräsentanz »www.nacoa.de« bietet Ihnen reichhaltige Informationen zum Thema.

Der Elch im Wohnzimmer

»Stellen Sie sich vor, bei Ihnen stünde ein ausgewachsener Elch im Wohnzimmer. Das Tierchen riecht recht streng, beansprucht eine Menge Platz, und sobald es sich bewegt, geht jede Menge Zeug zu Bruch. Der Elch ist Dauergast bei Ihnen.

Stellen Sie sich vor, dass es in Ihrer Familie ein geheimes Abkommen gibt, dass niemand jemals darüber sprechen darf, dass da ein Elch im Wohnzimmer steht. Bei Strafe strengstens verboten! Alle müssen so tun, als wäre der Elch nicht da. Und alle halten sich auch daran. Wenn er auf den Boden scheißt ... Husch, husch, wird der Mist beseitigt, ohne Aufsehen zu erregen. Die Familie hat keinen Platz mehr, um gemeinsam zu Abend zu essen, weil der Elch so riesig ist. Jeder quetscht sich in eine Ecke und tut so, als wäre alles in bester Ordnung. Können Sie sich vorstellen, wie sich die Kinder in der Familie nach einer Woche fühlen? Nach zwei Wochen? Nach drei? Wahrscheinlich würden sie ihre Eltern am liebsten laut anschreien: »Schafft endlich den verdammten Elch raus!«

Aber: Es gilt ja die geheime Regel: kein Wort über den Elch!«

(Mit herzlichem Dank an NACOA Deutschland für die tolle Geschichte! www.nacoa.de/index.php/traudich/derelch, abgerufen 02/2014)

Über die doppelte Betroffenheit

Die Elchgeschichte kann Sie als Angehörige eines Suchtkranken in zweierlei Hinsicht betreffen:

1. Sie stammen aus einer Suchtfamilie und sind mit dem Elch im Wohnzimmer aufgewachsen. Das Elch-Tabu prägt möglicherweise bis heute Ihr Erleben und Verhalten.
2. Sie haben als Partner eines Suchtkranken gemeinsame Kinder und halten einen Elch im Wohnzimmer. Sie sind womöglich an der tabuisierten Atmosphäre, die so schwer zu überwinden ist, co-abhängig beteiligt.

Vielleicht sind Sie sogar wie so viele doppelt betroffen: In einer Suchtfamilie aufgewachsen, haben Sie mit einem suchtkranken Partner Kinder. Beides wird hier nicht getrennt, sondern in einem Rutsch behandelt. Warum? Weil der Elch derselbe ist bzw. beide Formen der Betroffenheit eng zusammenhängen. Es das eine nicht ohne das andere gibt. Es wurde schon in der Einleitung angesprochen: Die co-abhängige Problematik wird häufig von der Mutter an die Tochter weitergereicht. Aus co-abhängigen Töchtern werden wiederum co-abhängige Mütter.

Geschätzte 2,65 Millionen Kinder leben aktuell in einer Familie mit mindestens einem alkoholkranken Elternteil. Wenn Eltern mit anderen Suchtstörungen, Medikamentenabhängigkeit, pathologisches Spielen, Drogensucht oder Essstörungen noch dazugerechnet werden, wächst ungefähr jedes sechste Kind in einer Suchtfamilie auf. Man schätzt zudem, dass ungefähr sechs Millionen Erwachsene das Schicksal teilen, aus einer Suchtfamilie zu stammen. Bitte denken Sie über die Größenordnung einmal nach. Setzen Sie sich in ein Café und zählen Sie die vorbeigehenden Passanten, oder stellen Sie sich eine Schulklasse vor: Eins, zwei, drei, vier, fünf, betroffen, sieben, acht, neun, zehn, elf, betroffen …

Lebensunglück. Kinder, die in einer Suchtfamilie aufwachsen, zeigen häufig eine besondere Frühreife, Ernsthaftigkeit und Eigenständigkeit. Sie lernen viel zu früh, viel zu viel Verantwortung zu übernehmen, indem sie zu »Eltern ihrer Eltern« werden. Die betroffenen Kinder können darüber hinaus vielfältige somatische, emotionale, soziale, kognitive und verhaltensbezogene Beeinträchtigungen und Auffälligkeiten zeigen, die sie in ihrer Entwicklung beeinträchtigen. Das vielfach gesteigerte Risiko, als Heranwachsender oder Erwachsener eine süchtige (eher die Jungen) oder co-abhängige Problematik (eher die Mädchen) zu entwickeln, wurde bereits beschrieben. Zudem besteht eine erhöhte Gefahr, an anderen psychischen, psychosomatischen oder Traumafolgestörungen zu erkranken, zum Unglück für das ganze Leben.

Co-abhängige Bezugspersonen. Typischerweise ist die co-abhängige Rolle in einer Familie durch die Frau und Mutter besetzt, seltener durch den Mann und Vater. Aber auch in Familien, in denen beide Elternteile suchtkrank sind, finden sich – glücklicherweise – zumeist engagierte Personen, die sich einmischen und helfen. Diese können aus der Sicht der Kinder eine ältere Schwester, die Großmutter, eine Tante, eine Freundin der Familie oder auch eine professionelle Familien- oder Suchthelferin sein. Die Personen haben zumeist eine zwiespältige Doppelrolle: Sie sind Bezugspersonen für die Kinder und helfen den suchtkranken Eltern. Dabei werden sie sich zweifelsohne ebenfalls mehr oder weniger verstricken. Deswegen wird hier allgemein von den co-abhängigen Bezugspersonen gesprochen, um die doppelte Funktion zu benennen. Wie sind Sie als co-abhängige Bezugsperson betroffen? Als Partnerin und Mutter, als Partner und Vater, als Tochter und Schwester, als Mutter und Großmutter, als Freund der Familie oder als professionelle Helferin?

Eine folgenreiche Beziehung: die co-abhängige Bezugsperson und das Kind

Eine Kindheit in einer Suchtfamilie ist geprägt durch komplexe Belastungen und Traumata. Die amerikanische Autorin und Selbstbetroffene Pia Mellody (1987) spricht treffend von emotionalem, körperlichem, sexuellem, kognitivem und spirituellem Missbrauch. Die Problematik suchtkranker Eltern ist ausreichend bekannt. Die Verantwortung der co-abhängigen Bezugspersonen wird allerdings allzu häufig vergessen. Die unangenehmen Verhaltensweisen der suchtkranken Bezugspersonen kommen eher lautstark, aggressiv und auffällig daher, z. B. Abwertungen, Erniedrigungen, Gewalt oder Missbrauch. Darüber wird übersehen, dass die co-abhängigen Bezugspersonen an der eher unauffällig auftretenden emotionalen Vernachlässigung der Kinder beteiligt sind. Da Sie als Leserin vermutlich co-abhängig betroffen sind, möchte ich Ihnen im Folgenden Ihr Risiko aufzeigen, Ihre Kinder co-abhängig zu beeinträchtigen und zu prägen.

Gewalt und fehlender Schutz. Die co-abhängigen Bezugspersonen sind häufig Opfer der Abwertungen und Gewalt der Suchtkranken. Als Opfer schaffen sie es zumeist auch nicht, die Kinder vor den Übergriffigkeiten des Suchtkranken ausreichend in Schutz zu nehmen. Oder sie werden in ihren verzweifelten Bemühungen, Kontrolle über die schwierige Situation zu gewinnen, und ihrem Bestreben, die Sucht zu verheimlichen, ebenfalls psychisch und physisch übergriffig. Verbale Entgleisungen oder körperliche Tätlichkeiten sind schlimm. Nicht in Schutz genommen zu werden, ist gleichfalls schlimm.

Traumatische Vernachlässigung. Aus meiner therapeutischen Erfahrung in der Arbeit mit Betroffenen möchte ich behaupten, noch schlimmer sind die emotionalen Vernachlässigungen, die durch die Elchgeschichte so treffend illustriert werden. Diese kommen wie der Elch viel stiller und unschuldiger daher, können aber in der noch im Wachsen begriffenen Seele eines Kindes großen Schaden verursachen. Abgelenkt durch die Sorgen um den Suchtkranken, die ewigen Streitigkeiten und die eigenen Leiden, vernachlässigen und überfordern die co-abhängigen Bezugspersonen die Kinder auf der einen Seite. Allein gelassen mit ihren Ängsten und Nöten, lernen die Kinder viel zu früh, sich auf niemanden zu verlassen und ihr Schicksal allein auszuhalten. Zudem müssen sie früh viel im Haushalt anpacken oder sich um jüngere Geschwisterkinder kümmern, um die Ausfälle des Suchtkranken auszugleichen. Oder werden sogar herangezogen, den Suchtkranken zu versorgen, wie im oben geschilderten Fall von Herrn Passauf.

Auf der anderen Seite umsorgen, verwöhnen und bevormunden die co-abhängigen Bezugspersonen die Kinder phasenweise grenzenlos. Das Übermaß an Bemutterung ist zumeist durch Schuldgefühle motiviert, den Kindern nicht die notwendige Zuwendung zu geben, die diese eigentlich brauchen. Zudem soll dadurch der erzieherische Ausfall des Suchtkranken ausgeglichen werden. Im Prinzip ist die Aufmerksamkeit gut, doch die Unbeständigkeit und das schuldmotivierte Übermaß sind problematisch und schädlich.

Co-abhängiges Modell. Tragischerweise lernen die Kinder von den co-abhängigen Bezugspersonen obendrein, das tägliche Auf und Ab im Zusammenleben mit einem Suchtkranken duldsam als unabwendbares Schicksal hinzunehmen, statt Konsequenzen zu ziehen. Sie lernen die demütige Opferrolle, statt sich zu wehren und zu schützen. Die co-abhängigen Bezugspersonen sind den Kindern (schlechtes) Modell für die Illusion der falschen Hoffnung, den Schein der »glücklichen Familie« und »heilen Welt« und nicht zuletzt die folgenreiche, übermäßige Verantwortungsübernahme.

Die (co-)abhängige Überlebensstrategie als traumatische Prägung

Die Persönlichkeit bzw. das Selbst- und Weltbild von Kindern aus Suchtfamilien ist durch ein tief greifendes Misstrauen gegenüber anderen Menschen und insbesondere auch gegenüber dem eigenen Erleben geprägt. Eigene kindliche Gefühle und Bedürfnisse haben im Drunter und Drüber der Suchtfamilie wenig Platz oder werden sogar bestraft. Die Kinder lernen sich emotional zu verbergen. Die verinnerlichte Überlebensstrategie ist es, die Launenhaftigkeit der süchtigen und co-abhängigen Bezugspersonen immerfort zu scannen, um sich flexibel wie eine Wetterfahne den rasant wechselnden Winden und Stürmen der familiären Hoch- und Tiefdruckgebiete anzupassen. In dieser Selbstverleugnung und Außenorientierung kann sich kein Selbstbewusstsein, keine Selbstsicherheit und kein Selbstwertgefühl angemessen entwickeln. Das Zutrauen in die eigenen Fähigkeiten verkümmert. Die von den Eltern gelernte (co-)abhängige Bezugslosigkeit und Sprachlosigkeit führen dazu, dass die Betroffenen auch als Heranwachsende beeinträchtigt sind, korrigierende Beziehungserfahrungen zu sammeln und funktional auszuwerten.

Im weiteren Leben werden entweder die eigenen Gefühle, Bedürfnisse und Impulse übergangen und unterdrückt, um selbstlos für andere da zu sein (co-abhängige Strategie). Oder sie werden impulsiv und hemmungslos ausgelebt, und dabei werden andere selbstsüchtig genutzt (süchtige Strategie). Je nachdem, ob die co-abhängige oder süchtige Lebensstrategie gewählt wird, suchen sich die Betroffenen häufig komplementäre Partner, sodass die in der Herkunftsfamilie gemachten Beziehungserfahrungen in den späteren Partnerschaften wiederholt werden.

Das (co-)abhängige Selbst- und Weltbild erfährt dadurch Bestätigung und verfestigt sich weiter. Die Betroffenen leiden ein Leben lang und geben später wiederum ihr Leiden an etwaige eigene Kinder weiter.

Echte Hoffnung. Ich möchte Sie auf einen bemerkenswerten, weil Hoffnung gebenden Befund aufmerksam machen. Wir wissen, dass in Familien, in denen die Eltern ihre Suchtstörung überwinden, die Kinder eine bessere Entwicklungsprognose haben. Es darf darüber hinaus angenommen werden, auch wenn es noch nicht erforscht ist, dass sich die Prognose in dem Fall, dass die co-abhängigen Bezugspersonen ihre Verstrickungen überwinden, ebenfalls verbessern sollte. Sollten Sie also als co-abhängige Bezugsperson betroffen sein, dann helfen Sie Ihren Kindern am meisten, indem Sie ihnen Vorbild darin sind, sich aus den Verstrickungen zu befreien und Ihre Unabhängigkeit und Selbstfürsorge zurückzugewinnen. Darüber werden Sie sich auch ganz von allein wieder in angemessener Form den Kindern zuwenden.

Ich möchte Sie fragen: Haben Sie den Eindruck, dass die gesamte Situation, dem Suchtkranken zu helfen, für die Kinder ausreichend da zu sein und sich auch noch um sich selber zu kümmern, Sie ausweglos überfordert? Falls dem so ist, dann lassen Sie sich bitte professionell helfen, z. B. von einem Kinder- und Jugendpsychotherapeuten, von der Jugend- und Familienhilfe oder einer Erziehungsberatungsstelle. Oder haben Sie sich in den Ausführungen als Kind aus einer Suchtfamilie wiedergefunden? Leiden Sie so sehr unter Ihren Erinnerungen und Prägungen, dass Sie nur schwer oder unzureichend Ihren Alltag bewältigen können? In diesem Fall suchen Sie bitte ebenfalls eine Fachstelle auf, z. B. einen ambulanten Psychotherapeuten.

Gleichgültig, ob Sie als Kind aus einer Suchtfamilie oder als co-abhängige Bezugsperson betroffen sind, eins ist sicher: Sie sind nicht allein. Keiner spricht darüber, alle schweigen aus Scham, aber vielen Millionen Menschen geht es wie Ihnen. Was wäre, wenn Sie und all die vielen anderen anfangen würden, das Schweigen zu brechen und über ihr Leiden zu reden? Wie das geht, erfahren Sie in den folgenden Kapiteln.

5 Werden Sie wieder Sie selbst

Enttäuschung und Verzweiflung sind der co-abhängige Entzug.

Auch wenn Ihnen Ihre Situation manchmal trostlos und ausweglos erscheint, ist das Leben mit einem Suchtkranken kein Schicksal, welches Sie einfach ergeben hinnehmen müssen. Befreien Sie sich, finden Sie sich wieder und gewinnen Sie Ihr Leben zurück – und zwar unabhängig davon, ob er weiter konsumiert oder nicht. Nach meiner Erfahrung ist der Weg der Selbstbefreiung, Selbstwerdung und der Zurückeroberung Ihres Lebens eine sehr kreative, individuelle Angelegenheit. Probieren Sie sich aus und finden Sie Ihren ganz eigenen Weg.

In diesem und dem nächsten Kapitel wird Ihnen eine Reihe von Kompetenzen und Strategien vermittelt, die nach meinen Erfahrungen in der Arbeit mit Betroffenen besonders hilfreich sind. Es ist indes Ihre persönliche Aufgabe herauszufinden, was Ihnen konkret hilft. Sie sind die Expertin für sich, Ihr Leben und damit auch für Ihren individuellen Weg aus dem Schlamassel heraus, in den Sie hineingeraten sind. Es geht ja gerade darum, dass Sie Ihre Handlungsfreiheit zurückerobern. Die Lösungen Ihrer Probleme verstecken sich in Ihnen, und nur Sie können sie finden. Deshalb kann das Lesen dieses Ratgebers nur die

Anregung und Ermutigung dazu sein, dass Sie im Sinne der Selbsthilfe für sich aktiv werden, um Ihre Unabhängigkeit zurückzugewinnen.

5.1 Vorweg: Seien Sie geduldig mit sich

Sie kennen sicherlich das Märchen vom Froschkönig und der Prinzessin. Ich nutze es gerne als Gleichnis für Sucht und Co-Abhängigkeit. Sie kennen auch das Ende. Die (co-abhängige) Prinzessin wirft den (süchtigen) Frosch voller Wut und Abscheu an die Wand, und als Happy End der Geschichte wird er zum Königssohn. Bei leichten Fällen der Verstrickung reicht gewöhnlich – im übertragenen Sinn – ein beherzter Froschwurf. Wie im Märchen genügt es dann, dass Sie wenige kleinere Korrekturen in Ihrer Haltung oder Ihrem Verhalten vornehmen, damit sich die Situation schon zum Besseren wendet.

Zur Erinnerung: Kurzversion des Froschkönigs

Einer Prinzessin fällt ihr Lieblingsspielzeug, eine Goldkugel, in einen Brunnen. Ein sprechender Frosch hilft ihr, die Kugel zu bergen, aber er hat Bedingungen: am Tischlein sitzen, vom Tellerlein essen und im Bettlein liegen. Die Prinzessin, froh, das Spielzeug zurück zu haben, vergisst den Frosch und haut ab. Der Frosch folgt ihr ins Schloss und verpetzt sie beim Vater. Dieser reagiert pädagogisch streng: Was du versprichst, musst du auch halten. Anfangs fügt sich die Prinzessin dem Wort des Vaters. Als aber der nasse Frosch schließlich mit ins Bett will, schmeißt die Prinzessin ihn voller Wut und Abscheu an die Wand. Der Wandklatscher befreit den armen, verwunschenen Frosch von seinem Fluch, und er wird zum Königssohn. Happy End.

Co-abhängige Satire des Froschkönigs

Ein Mädchen sieht einen Frosch am Wegrand hocken. In Kenntnis des Märchens vom Froschkönig denkt sie sich, dass der Frosch ein verwunschener Königssohn sei. Sie nimmt den Frosch und küsst ihn voller Hoffnung – und wird selber zum Frosch.

Bei ernsthaften und komplexeren Fällen der Verstrickung allerdings ist ein längerer Entwicklungsprozess notwendig, der durchaus Wochen, Monate oder sogar Jahre dauern kann. Als Angehörige müssen Sie in solchen Fällen immer wieder Ihren Widerwillen überwinden und allegorisch den widerlichen, dicken, nassen und hässlichen Wasserpatscher vielfach in die Hand nehmen und mit Schmackes an die Wand werfen. Der eine oder andere Frosch überlebt diese Behandlung nicht. Im übertragenen Sinn bleibt dann entweder alles beim Alten, oder es kommt zur befreienden Trennung. Die Frösche, die die schmerzhaften Würfe an die Wand in Kauf nehmen und überstehen, verwandeln sich zumeist in echte Königssöhne, aber darum soll es hier nicht gehen, und falsche Hoffnung soll bei Ihnen auch nicht erzeugt werden.

Was möchte ich Ihnen vermitteln? Hoffen Sie nicht auf den großen Sprung in die Glückseligkeit. Lassen Sie sich statt dessen geduldig auf die Politik der vielen kleinen Schritte ein. Probieren Sie aus, was Ihnen konkret im Kleinen hier und heute hilft, und finden Sie Schritt für Schritt den verschlungenen Weg aus dem Labyrinth Ihrer Verstrickungen heraus ins freie Leben zurück. Lassen Sie sich durch Misserfolge oder Rückschläge nicht entmutigen. Falls etwas schiefgeht, nehmen Sie sich eine Auszeit, atmen Sie durch und gewinnen Sie Abstand. Dann sammeln Sie wieder Kräfte, korrigieren Sie Ihre Ziele, Maßnahmen oder Strategien und versuchen Sie es erneut. Geben Sie sich und Ihr Leben niemals auf.

Aktion

Nehmen Sie sich ein wenig Zeit und überlegen Sie, wie lange es wahrscheinlich dauern wird, dass Sie Ihre Situation zum Besseren wenden werden können, sodass Sie wieder zufrieden sind. Schätzen Sie sich und Ihre Situation pragmatisch und ehrlich ein.

Werden Sie womöglich

- O einige Wochen,
- O einige Monate,
- O ein Jahr oder
- O länger als ein Jahr benötigen?

5.2 Reden Sie

Psychosoziale Probleme löst man nie allein, sondern stets mithilfe anderer Menschen. Deswegen überwinden Sie die verinnerlichten Tabus und Ihre Sprachlosigkeit, brechen Sie Ihr schamhaftes Schweigen und suchen Sie sich Bündnispartner. Wenn Sie sich stark verstrickt haben, leiden Sie vermutlich im Stillen. Über den Süchtigen reden Sie vielleicht viel und gerne. In Bezug auf die eigene Person herrscht jedoch totale Sprachlosigkeit. Die Fokussierung auf den Suchtkranken bzw. der Mangel, sich selbst gegenüber achtsam zu sein, ist eine mächtige Gewohnheit. Die Überwindung kann ein mühseliger und langwieriger Prozess sein.

Reden Sie mit jedem, der Ihnen halbwegs vertrauenswürdig erscheint. Wenn Sie nicht reden, hört Ihnen niemand zu und niemand kann Ihnen helfen. Sprechen Sie nicht nur mit einer Person, sondern mit jedem, der dafür infrage kommt, und reden Sie nicht einmal, sondern vielmals. Sie werden vielleicht anfangs falsch verstanden, Sie treffen nicht den richtigen Ton oder werden emotional überwältigt. Das ist nicht schlimm, probieren Sie es aufs Neue und üben Sie sich. Ganz wichtig ist dabei, weniger über den Suchtkranken und seine Eskapaden zu klagen, als vielmehr die eigene Situation, das eigene Erleben und die eigenen Probleme zu thematisieren. Es ist ein großer Unterschied, ob Sie über ihn sprechen, z. B. »*Er trinkt / spielt / kifft / ballert … wieder und benimmt sich daneben*«, oder ob Sie sich selbst ansprechen, z. B. »*Mir geht es schlecht mit all den Problemen, die seine Trinkerei / Spielerei / Drogensucht … mit sich bringt.*«

Reaktionen anderer. Es werden Personen befremdlich reagieren und zurückschrecken. Das liegt nicht an Ihnen, sondern an der schwierigen, tabuisierten Thematik bzw. an der Überforderung und den Ängsten dieser Personen. Geben Sie nicht so schnell auf. Vielleicht werden sich auch Freunde von Ihnen distanzieren, Ihnen nicht glauben, empört reagieren und sich auf die Seite des Suchtkranken stellen. Oder aber andere reagieren co-abhängig, sind fixiert darauf, dem Suchtkranken helfen zu wollen, und übersehen Ihre Hilfebedürftigkeit. Lassen Sie diese falschen Freunde ruhig links liegen und reden Sie mit anderen Menschen. Vermutlich werden Sie darüber auch neue Freunde gewinnen. Ihre Probleme kennen nämlich viele, und viele werden Ihren Mut zum Sprechen letztlich wertschätzen. Zudem sich Ihre Schamgefühle und Ängste mit der Zeit relativieren werden und Sie erkennen werden, wie schön es ist, auch mal Trost, Zuspruch und Unterstützung zu erfahren.

Aktion

Bitte kreuzen Sie an, mit wem Sie näher über Ihre Probleme sprechen können.

- O Partner, Partnerin
- O Freunde, Freundinnen
- O Bekannte
- O Nachbarn
- O Eltern
- O Geschwister
- O andere Familienmitglieder (Großeltern, Tante, Onkel, Cousins ...)
- O Arbeitskollegen
- O Vereinskollegen
- O Seelsorger, Lehrer, Trainer, Friseur, Heilpraktiker o. Ä.
- O Selbsthilfe
- O Beratungsstelle, Psychotherapeut, Arzt
- O sonstige:

Je mehr Personen Sie zum Sprechen haben, desto besser. Und falls Sie niemanden zum Reden finden, suchen Sie sich ersatzweise bitte eine Selbsthilfegruppe, gehen Sie zur Suchtberatung oder zum niedergelassenen Psychotherapeuten.

5.3 Nehmen Sie Abstand und gönnen Sie sich Pausen

Es wurde Ihnen oben vorgestellt: Der Alltag mit einem Suchtkranken kann Sie emotional, sozial und praktisch überfordern und zermürben und im Extremfall in abgrundtiefem Ausgebranntsein münden. Ihre Energien sind endlich und wertvoll. Schon in einem normalen Alltag, ohne besondere Belastungen, brauchen Sie regelmäßig Pausen, Zeiten der Entspannung, der Ruhe und ausreichend Schlaf. Falls Sie privat oder beruflich den Alltag mit einem Suchtkranken teilen, unterliegen Sie einer besonderen Belastung, die Sie noch bedürftiger nach Abstand und Erholung werden lässt. Sie brauchen doppelte Pause, sowohl als geplagte Betroffene als auch als unermüdliche Helferin.

Aber die Eskalationsspirale, die sich im Stress des Zusammenlebens mit einem Suchtkranken schnell etabliert, funktioniert wie ein Hamsterrad. Je schneller der Hamster läuft, desto schneller dreht das Rad. Und je schneller das Rad dreht, desto schneller rennt der Hamster. Je mehr Sie sich bemühen, desto mehr geraten Sie unter Stress. Je mehr Stress Sie haben, auch weil Ihre Bemühungen im Fall chronischer Sucht möglicherweise folgenlos bleiben, desto mehr strengen Sie sich aus der Hoffnung an, die Belastungen doch noch zu meistern.

Entspannung und Erholung. Steigen Sie aus dem Hamsterrad aus und halten Sie inne. Nehmen Sie Abstand, aber nicht, um sich aus dem Abstand noch bessere Methoden und Strategien der Einflussnahme auf den (unwilligen) Suchtkranken zu überlegen. Vielmehr geht es allein um Ihre innere Ausgeglichenheit bzw. ausschließlich darum, dass Sie sich zurücklehnen, durchatmen, entspannen, nichts tun, die Seele baumeln lassen und für den Moment fünfe gerade sein lassen. Selbstverständlich können Sie Ihr Schicksal und Leben nicht hinter sich lassen. Darum geht es nicht. Aber Sie können sich täglich mehrere kleine Pausen von Ihren Pflichten, Sachzwängen und der Mühsal des Alltags gönnen. Es sind die kleinen Pausen zwischendurch, die uns helfen, Abstand zu wahren und Gelassenheit zu gewinnen.

Schlafdefizite sind bei viel Stress zermürbend. Ausreichend und erholsam zu schlafen und sich die Nachtruhe nicht durch Grübeleien und Sorgen wegen seiner Sucht und allen Folgeproblemen vermiesen zu lassen, ist auch Teil dieser Übung. Sollten Sie Schwierigkeiten mit der Entspannung haben, besuchen Sie doch einen Entspannungs- oder Yogakurs. Übrigens haben Aktivitäten, wie z. B. Sport zu treiben, im Chor zu singen, zum Friseur zu gehen, einen Einkaufsbummel zu unternehmen oder in die Sauna zu gehen, ebenfalls wunderbare entspannende und erholsame Effekte. Zudem kämen Sie darüber aus dem Haus, würden andere Menschen treffen und könnten so Abstand zu Ihrer verfahrenen Situation gewinnen. Doch dieses Thema wird erst in den nächsten Abschnitten vertieft.

Aktion

Schritt 1: Setzen Sie sich gemütlich hin, atmen Sie aus und überlegen Sie, unter was für Bedingungen Sie sich gut entspannen können. Was brauchen Sie, um die Seele baumeln zu lassen? Wie pflegen Sie gerne den Müßiggang? Was gehört für Sie dazu, sich zu erholen und aufzutanken? Notieren Sie dies in Stichworten oder malen Sie ein Bild.

Schritt 2: Bitte überlegen Sie: Wann und wie können Sie konkret und gezielt in den nächsten ein bis zwei Wochen Ihre erholsamen Aktivitäten in den Alltag einbauen? Erstellen Sie sich gerne einen Wochenplan mit konkreten Auszeiten.

5.4 Wie geht es Ihnen?

Ein immer wieder erstaunliches Phänomen ist es, dass co-abhängige Angehörige auf die Frage, wie es ihnen gehe, reagieren, indem sie sich ausführlich über das Verhalten des Suchtkranken auslassen. Es wird z. B. über seine neuesten Eskapaden geklagt oder hoffnungsfroh darüber berichtet, dass er schon drei Tage suchtfrei sei. Ein »Ich« kommt in der Antwort zumeist nur in der verkappten Ausführung »man« vor, z. B. »*Nein, was er wieder alles angestellt hat. Unfassbar, man glaubt es nicht!*« oder »*Man kann nur hoffen!*« Kennen Sie dieses Verhalten von sich? Die Beschäftigung mit dem kranken anderen lenkt Sie im starken Maß von der eigenen Befindlichkeit und der Sorge für das eigene Wohlbefinden ab. Sie sind in der Befindlichkeit abhängig vom Verhalten des anderen. Dieses Phänomen kennen auch Angehörige anderer psychisch kranker Menschen oder auch Profis in helfenden Berufen.

Selbstkontakt. Falls Sie sich in der Hilfe für einen Suchtkranken engagieren, ist es ganz wichtig, dass Sie den Kontakt zum Empfinden für Ihren Körper, zu Ihrem gefühlsmäßigen Erleben und zu Ihren Gedanken und Überzeugungen nicht verlieren. Falls Sie sich aber schon mehr oder weniger verloren haben, dann sollten Sie den Selbstkontakt schnellstmöglich wiederherstellen. Dafür ist es unerlässlich, dass Ihr Tag Momente der Besinnung kennt, in denen Sie für sich selber da sind. Übrigens ist ein Helfer, der sich selber nicht fühlt und nicht für sich und sein Wohlgefühl sorgen kann, ein schlechter Helfer.

Ein kleiner Vorschlag: Nehmen Sie sich für den Anfang mindestens dreimal am Tag – morgens, mittags, abends – eine bewusste Auszeit. Wenige Minuten reichen schon aus. Fragen Sie sich, wie es Ihnen geht, wie Ihr Körperempfinden ist, wie Ihre Stimmung ist und was Sie – in Bezug auf Sie selbst und Ihr Leben – gedanklich beschäftigt. Es geht dabei selbstverständlich nicht um das oberflächliche Es-geht-mir-Gut, nicht um die Fassade, mit der Sie sich nach außen präsentieren. Es geht um die Befindlichkeit dahinter, die Sie gewöhnlich vor anderen verstecken. Es geht um Ihren inneren Reichtum an Wahrnehmungen, Empfindungen, Gefühlen und Gedanken. Diesen Schatz kann Ihnen keiner nehmen, allerdings kann er im Alltag so schnell verloren gehen, wenn Sie ihn nicht pflegen und hegen. Falls Sie den Selbstkontakt schon verloren haben, erschrecken Sie nicht. Er versteckt sich, doch taucht er nach und nach wieder auf, sobald Sie sich Zeit nehmen und sich liebevoll um ihn kümmern.

Außerdem nehmen Sie das Angebot ernst, falls Sie jemand fragt, wie es Ihnen geht, und sprechen Sie ausschließlich über Ihr Erleben und Ihre Befindlichkeit.

Aktion

Bitte nehmen Sie sich ein wenig Zeit und Muße und fragen Sie sich, wie es Ihnen geht. Notieren Sie Ihr Erleben in Stichpunkten!

Was und wie empfinden Sie körperlich? Checken Sie Ihren ganzen Körper durch!

Wie ist Ihre Stimmung? Was für Gefühle spüren Sie?

Welche Gedanken oder Dinge beschäftigen Sie in Bezug auf Sie selbst und Ihr Leben?

5.5 Lassen Sie den Ballon der falschen Hoffnung platzen

Die falsche Hoffnung ist ein wenig, wie rosarote und hellblaue Ballons aufblasen und fliegen lassen. Beim Aufblasen und Hinterherschauen wird Ihnen so schön schwindelig. Wie viele Male haben Sie sich vom Suchtkranken und seinen Versprechungen: »*Morgen höre ich auf, ganz bestimmt!*« täuschen lassen? Und wie viele Male haben Sie sich selbst in Ihrer falschen Hoffnung: »*Wir schaffen das. Wenn er erst einmal aufhört, wird alles gut!*« beschwindelt?

Der Suchtkranke ist vom Suchtmittel und Sie sind von der falschen Hoffnung berauscht. Bitte werden Sie des Gefühls der falschen Hoffnung gewahr und nüchtern Sie emotional aus. Erkennen Sie, wie sehr Sie sich an diesen Luftballon der Selbsttäuschung klammern. Luftballons steigen zu lassen, bereitet Freude. Luftballons zu zerpieksen und knallen zu lassen, macht aber auch riesiges Vergnügen. Verstehen Sie mich bitte nicht falsch. Die Hoffnung stirbt bekanntlich zuletzt. Sie sollen nicht Ihre Hoffnung für das Leben fallen lassen. Ihre wahrhaftige Hoffnung, die Sie der falschen Hoffnung entgegensetzen, könnte wie folgt lauten: *»Ich kann auch anders!« oder »Mein Leben gehört mir!«* Nehmen Sie bitte den kleinen, aber feinen Unterschied wahr. In der falschen Hoffnung verlieren Sie sich, sie macht abhängig. Die lebensbejahende Hoffnung steht mit beiden Beinen auf festem Boden und schafft Unabhängigkeit.

Aktion

1. Schritt: Bitte nehmen Sie sich ein wenig Zeit und denken Sie aufrichtig darüber nach, auf welche falschen Hoffnungen Sie wiederkehrend hereinfallen. Notieren Sie diese in möglichst markanten Sätzen in die linke Spalte. Dann nehmen Sie sich noch mehr Zeit oder schlafen auch darüber, durch welche lebensbejahende Sätze Sie die falsche Hoffnung ersetzen können.

Falsche Hoffnungen:	Lebensbejahende Hoffnungen:
z. B. *Wenn er aufhört, wird alles gut werden.*	*Wenn ich etwas anpacke, schaffe ich auch was!*
1.	1.
2.	2.
3.	3.

5.6 Werden Sie im Kleinen wieder für sich aktiv

Viele Angehörige, die sich zu sehr in der Hilfe für einen Suchtkranken verstrickt haben, beschreiben, dass sie sich wie eine leere Hülle fühlen und nur noch funktionieren. Das Leben mit einem Suchtkranken kann wie eine große Welle sein, die Sie und Ihr ganzes Leben durcheinanderwirbelt, sodass Sie nicht mehr wissen, wo oben und unten ist. Im täglichen Mitgerissenwerden und pausenlosen Auf und Ab der Launen des Suchtkranken verlieren Sie sich selbst. Da Sie keinen Abstand mehr haben, verlieren Sie Ihr ureigenes Gefühl dafür, was für Sie gut oder schlecht ist, was Sie wollen und was nicht. Was bleibt, sind Erschöpfung und innere Leere.

Lebensfreude. Deshalb bitte ich Sie, sich mal aufrichtig zu fragen: Wann haben Sie zuletzt etwas Positives nur für sich getan? Nehmen Sie sich täglich den Raum für kleine positive Aktivitäten: ein Bad nehmen, ein Eis essen, spazieren gehen, auf einer Bank in der Sonne sitzen oder in Ruhe Kaffee trinken. Es wird Ihnen helfen, Ihre Erschöpfung nach und nach zu mildern und zu überwinden.

Bei den Vorschlägen spüren Sie vielleicht ein wenig Lust, aber noch viel mehr Abwehr. Sie denken, dass Sie viel zu erschöpft dafür sind und der Alltag Ihnen keine Zeit selbst für kleine Aktivitäten lässt. Verstrickte Angehörige haben stets einen Haufen guter Gründe, warum sie noch nicht einmal eine halbe Stunde spazieren gehen, geschweige denn einen Abend im Kino verbringen können: der Suchtkranke, die Kinder, die Schwiegermutter, die Arbeit, die Schulden, der Hund, der Einkauf, der Haushalt …

Ich möchte Ihnen leidenschaftlich widersprechen. Gleichgültig, wie belastet Ihr Alltag ist und wie rücksichtslos andere Sie ausnutzen, Sie allein sind dafür verantwortlich, sich kleine Freiheiten zu gönnen. Falls Sie nicht bereit sind, diesen kleinen Schritt zu gehen, sind Sie nicht in der Lage, Ihre Verstrickungen auch nur im Ansatz zu überwinden. Positive Aktivitäten machen das Leben lebenswert und nähren unser Selbstwertgefühl.

Übrigens entsteht die Lust beim Tun. Beim ersten und zweiten Mal kommt Ihnen Ihr Tun vielleicht noch leer und sinnlos vor. Das macht nichts, bleiben Sie dran! Die Freude kommt nach und nach wieder. Und sobald Sie eingeübt haben, sich täglich eine kleine Auszeit für positive Aktivitäten zu nehmen, dürfen Ihre Unternehmungen zunehmend größer werden: ins Kino gehen, eine alte Freundin treffen, eine Radtour unternehmen, ins Freibad gehen, ein Wochenende an die See oder ins Grüne fahren, was immer Ihre Bedürftigkeit und Kreativität sich wünscht.

Aktion

Schritt 1: Was hat Ihnen früher immer Spaß gemacht? An welchen kleinen Aktivitäten hätten Sie hier und heute Freude? Wozu hätten Sie insgeheim Lust? Notieren Sie Ihre Ideen in Stichworten oder malen Sie ein Bild dazu!

Schritt 2: Bitte wählen Sie eine oder zwei Aktivitäten aus, die Sie in der nächsten Woche ausprobieren wollen. In den folgenden Wochen pflegen Sie die liebevolle Gewohnheit, regelmäßig kleine, positive Dinge zu unternehmen.

5.7 Lernen Sie, sich besser abzugrenzen und Nein zu sagen

Ohne das Nein haben Sie als Mensch keine Identität. Schon als Säugling waren Sie in der Lage, sich durch stille Verweigerung oder lautstarkes Schreien von den Eltern und deren Ansprüchen abzugrenzen. Mit der Entwicklung Ihrer Persönlichkeit haben Sie das gesamte Spektrum der Möglichkeiten gelernt, andere zurückzuweisen, von grober Brüskierung bis hin zum diplomatischen Vielleicht. Man kann sagen, dass Ihr Ich am Nein gewachsen ist.

Der Süchtige kann den Verheißungen des Suchtmittels oder Suchtverhaltens nicht widerstehen. Der Kontrollverlust ist das wesentliche Symptom der Suchterkrankung. Gleichsam können Sie als verstrickte Person Ihrem übermäßigen Mitgefühl und Wunsch, helfen und die Sucht des anderen kontrollieren zu wollen, nicht widerstehen. Sie können gegenüber dem Suchtkranken, aber auch wahrscheinlich gegenüber anderen Personen nicht Nein sagen und versuchen stets, es anderen recht zu machen. Auch Sie haben möglicherweise einen Kontrollverlust erlitten, nämlich sich abzugrenzen, sich zu behaupten und Ihre Autonomie zu wahren. Dahinter verstecken sich oftmals tief in der Person liegende Ängste, z. B. nicht gemocht oder verlassen zu werden. Diese Ängste hat jeder mehr oder weniger, doch gewöhnlich spricht keiner darüber.

Selbsterhalt. Sie denken vielleicht, dass ein Nein Ihre Situation noch verschlimmert. Damit haben Sie kurzfristig betrachtet recht. Ein Nein könnte einen Konflikt oder Streit auslösen. Aber langfristig betrachtet sind Sie, ohne Nein sagen zu können, nicht in der Lage, sich von den übermäßigen Ansprüchen des Suchtkranken und des sonstigen sozialen Umfeldes abzugrenzen, Entlastung zu erfahren und sich aus Ihrer misslichen Lage zu befreien. Ohne entschiedene Abgrenzung sind Sie nicht in der Lage, die zuvor gelernten Lektionen – Auszeit, Selbstkontakt und positive Aktivitäten – nur im Ansatz umzusetzen. Der Selbsterhalt Ihrer Identität ist von der Fähigkeit abhängig, die Ansprüche und Erwartungen anderer ablehnen zu können.

Das Nein-Sagen hat verschiedene Spielarten:

- *Nein, das gefällt mir nicht!*
- *Nein, ich will das nicht!*
- *Nein, es geht jetzt nicht!*
- *Nein, ich mache gerade Pause!*
- *Nein, das nervt!*
- *Nein, hörst du nicht, ich sagte Nein!*

Ganz wichtig: Erklären oder rechtfertigen Sie niemals Ihr Nein. Eine kurze Begründung reicht: »*... weil ich nicht will*« oder »*... weil es mir nicht gefällt*«. Ansonsten gilt: »*Nein heißt Nein, einfach Nein!*« Es ist im Prinzip ganz einfach. Probieren Sie es einmal aus und bleiben Sie freundlich, aber beharrlich. Und wie schon in der Lektion zuvor gilt: Übung macht den Meister! Falls es nicht gleich perfekt klappt, bleiben Sie dran. Versuchen Sie es wieder und wieder. Es übt sich. Und registrieren Sie mit Freude und Stolz, wie Ihr Selbstwertgefühl nach einer erfolgreichen Selbstbehauptung wächst.

Aktion

Überlegen Sie sich möglichst konkret, in welchen sich wiederholenden Situationen und gegenüber wem es Sie schon lange nervt, dass Sie stets die Dumme sind, die nachgibt? Wem würden Sie in welcher Situation und bei welcher Sache mal richtig entschieden und hartnäckig Nein sagen wollen?

5.8 Klären und trennen Sie Mein und Dein

Als Psychologe in der Arbeit mit suchtkranken Menschen und ihren Angehörigen ist es stets wieder ein erstaunliches Phänomen, wie jeder an den anderen, aber niemand an sich selber denkt. Der Suchtkranke beschäftigt sich damit, was die Angehörige denkt. Die Angehörige fragt sich, was der Suchtkranke mit dem meinen könnte, was er über sie denkt. Der Suchtkranke wiederum rätselt darüber, was die Angehörige ihm wohl damit sagen möchte, dass sie sich fragt, was er meinen könnte, dass sie denkt. Die Angehörige ist verwirrt darüber, dass er darüber rätselt, was sie ihm damit sagen möchte, dass sie ihn fragt, was er meint, dass sie denkt … – Spätestens an dieser Stelle ist unsere Intelligenz überfordert, und die Kommunikation bricht zusammen. In dem Bedürfnis nach Einfachheit und Klarheit beginnen beide, sich vorwurfsvoll Dinge zu unterstellen und sich darüber sinnlos zu zerstreiten. Sie kennen diese Situation sicherlich. Auch wenn es »zum Heulen« ist, Sie dürfen über die Komik menschlicher Kommunikation sehr wohl auch schmunzeln.

Teil einer abhängigen Verstrickung ist es, dass Mein und Dein durcheinanderkommt. Dies betrifft materielle und immaterielle Werte gleichermaßen. Der Spielsüchtige oder Drogenabhängige vergreift sich materiell an der Haushaltskasse und verspielt oder verballert das Geld der Partnerin oder Familie. Er hinterzieht das Geld seiner Firma oder beschafft sich auf anderen illegalen Wegen Finanzmittel. Typisch ist es, dass Eltern oder Partnerinnen Spielsüchtiger und Drogenabhängiger die suchtbedingten Schulden und Strafen abbezahlen. Oder der Alkoholiker verlässt Türen knallend das Haus: »*Wenn du so zu mir bist, muss man ja saufen.*« In diesem zweiten Fall wird dem anderen immateriell Verantwortung, Schuld und das Problem untergeschoben.

Ordnung schaffen. Die Liste an materiellen oder immateriellen Verstrickungen ist lang. Je länger die (co-)abhängige Beziehung besteht, desto verworrener ist die Situation gewöhnlich. Ich möchte Ihnen vorschlagen, in einem ersten Schritt eine aufrichtige Aufstellung

Ihres Durcheinanders an Mein und Dein zu erstellen (siehe Aktionskasten). Und bitte betrachten Sie nicht nur die Verstrickungen des Suchtkranken, sonst enden Sie nur im Vorwurf und in der Verbitterung. Es gibt stets eine zweite Seite, nämlich Ihre Unklarheit. Es geht auch darum, dass Sie ebenso verstrickt Seins zu Ihrem gemacht haben. Es geht darum, die gegenseitige, abhängige Unklarheit zu erkennen und aufzulösen.

Aktion

Bitte betrachten Sie die Beziehung zum Suchtkranken und schätzen Sie ein, in welchen Bereichen Mein und Dein durcheinandergeraten ist. Kreuzen Sie an, wie stark die gegenseitige Verstrickung ist. Falls der Suchtkranke nüchtern und willig ist, können Sie diese Übung auch gerne zu zweit erledigen. In diesem Fall ist es ganz wichtig, die Wahrnehmungen des anderen unbedingt zu akzeptieren. Streiten Sie darüber bloß nicht!

	nicht/kaum	mittel	stark
mein Wort – dein Wort	0	1	2
meine Verantwortung – deine Verantwortung	0	1	2
meine Schuld – deine Schuld	0	1	2
mein Problem – dein Problem	0	1	2
meine Last – deine Last	0	1	2
mein Bedürfnis – dein Bedürfnis	0	1	2
mein Ziel – dein Ziel	0	1	2
mein Wohlbefinden – dein Wohlbefinden	0	1	2
meine (Un-)Zufriedenheit – deine (Un-)Zufriedenheit	0	1	2
mein Denken – dein Denken	0	1	2
mein Geld – dein Geld	0	1	2
meine Schulden – deine Schulden	0	1	2

mein Auto – dein Auto	0	1	2
meine Sachen – deine Sachen	0	1	2
meine Wohnung – deine Wohnung	0	1	2
mein Zimmer – dein Zimmer	0	1	2

Was ist sonst noch bei Ihnen an Mein und Dein durcheinandergeraten?

Klarheit schaffen. In einem zweiten, viel schwierigeren Schritt geht es darum, tatsächlich auf der Erlebens-, Entscheidungs- und Handlungsebene in einen Klärungsprozess einzutreten. Geben Sie das Dein zurück und fordern Sie Ihr Mein ein. Probieren Sie es aus. Legen Sie sich z. B. wieder ein eigenes Konto an, damit der Spielsüchtige nicht mehr das Haushaltsgeld verspielen kann. Geben Sie dem Drogenabhängigen kein Geld mehr, nur weil Sie Angst haben, dass er sonst beschaffungskriminell wird. Machen Sie ihm Ihre Haltung klar: »*Wenn du in den Knast kommst, ist das dein Ding. Ich will damit nichts zu tun haben.*« Verweigern Sie z. B. dem Alkoholiker Ihre Autoschlüssel mit dem einfachen Hinweis: »*Ich entscheide selbst, ob und wem ich mein Auto verleihe.*« Und in der gesunden Abgrenzung dürfen Sie dem Suchtkranken sehr wohl sagen: »*Die Sucht ist dein Problem, deine Erkrankung. Da möchte ich nicht mit dir tauschen.*«

Fühlen Sie die angenehme Entlastung, wenn Sie die Verantwortung eines anderen, die Sie sich haben andrehen lassen, wieder zurückgeben. Und nehmen Sie sich das Recht heraus, so zu fühlen und zu denken, wie Sie wirklich fühlen und denken.

Achtsamkeit. Die in der Klärung von Mein und Dein erfahrene Entlastung können Sie in einem dritten Schritt nutzen, um sich wieder Ihren Angelegenheiten und Interessen zuzuwenden und diese voranzubringen. Ich darf Sie auf die Achtsamkeitsübung »Die kleine Pause und ich« im Anhang hinweisen. Lernen Sie die Übung. Sie unterstützt Sie auf das Angenehmste, sich zu entspannen, den Selbstkontakt zu stärken und sich mit sich selbst wohlzufühlen. Sie dürfen die Übung täglich durchführen, z. B. wenn Sie eine Pause machen. Je mehr Sie üben, desto stärker sind die Effekte.

5.9 Schützen Sie sich und andere

Suchtkonsum kann beträchtliche negative Folgen für das gesamte nähere soziale Umfeld haben. Die Sucht einer nahestehenden Person hat das Potential, Ihre emotionale, persönliche, physische, soziale, wirtschaftliche und berufliche Existenz empfindlich zu beeinträchtigen oder sogar zu ruinieren. Sie haben folglich das Recht, geeignete Maßnahmen zu ergreifen, um sich und andere, z. B. betroffene Kinder, andere Familienmitglieder, Freunde, Arbeitskollegen oder Nachbarn, vor den verheerenden Folgen der Sucht zu schützen. Die oben beschriebene Fähigkeit, Nein sagen zu können, ist eine Voraussetzung für einen wirkungsvollen Selbstschutz.

Kräfte sammeln. Eine erste, grundlegende Maßnahme des Selbstschutzes wurde Ihnen schon vorgestellt: Abstand nehmen, ausreichende Pausen einlegen und ausschlafen, um nicht durch den immensen Stress zermürbt zu werden. Diese Maßnahme ist so bedeutsam, weil Sie durch sie Ihre Energien und Kräfte sammeln, die Sie für weitere Schutzmaßnahmen benötigen.

Gesunde Skepsis. Eine andere Maßnahme ist es, dass Sie den leeren Versprechungen des Süchtigen nicht mehr auf den Leim gehen. Es wird Sie womöglich erstaunen, aber im Zusammenleben mit einem uneinsichtigen Süchtigen gilt das Gesetz: *Kontrolle ist gut, Vertrauen ist besser!* Begegnen Sie dem Süchtigen mit gesunder Skepsis und schenken Sie dem Menschen Ihr Vertrauen, der es verdient: sich selbst. Glauben Sie nur, was Sie selbst sehen, hören, fühlen oder denken. Hören Sie auf, mit dem Suchtkranken Räuber und Gendarm zu spielen, ihn zu kontrollieren und ihm nachzuspionieren. Stattdessen hören Sie auf Ihre innere Stimme. Sie finden z. B. die Antwort auf die berüchtigte Frage, ob er konsumiert hat oder nicht, nicht bei ihm oder in seinen Verstecken. Ihr Gefühl weiß es längst und sagt es Ihnen. Sie brauchen nur sich selbst zu vertrauen. So sind Sie dem Auf und Ab seiner süchtigen Launen und Manipulationen nicht mehr so sehr ausgeliefert. So sorgen Sie auch für Ihre seelische Balance, können einen klaren Kopf bewahren und schaffen die Voraussetzungen dafür, Ihre Entscheidungs- und Handlungsfähigkeit zurückzugewinnen.

Sich verweigern. Eine weitere Schutzmaßnahme ist es, sich den niederträchtigen, süchtigen Erpressungen zu verweigern. Die Spielarten sind vielfältig, z. B. »*Wenn du nicht nett bist, dann saufe ich!*«, »*Wenn du mich nicht in Ruhe lässt, dann haue ich dich!*«, »*Wenn du mir kein Geld gibst, dann muss ich klauen gehen!*« oder »*Wenn du dich trennst, dann bringe ich mich um!*« Vermutlich kennen Sie das Gefühl gut, sich gedrängt und genötigt zu fühlen. Wenn Sie seinen Erpressungen nachgeben, werden Sie zu einem Spielball, der nach Lust und Laune getreten werden kann. In solchen Situationen sollten Sie deswegen Ihre Ängste überwinden und sich rigoros verweigern. Falls Ihnen dazu das nötige Selbstvertrauen und Durchhaltevermögen fehlt, ist es von Vorteil, wenn Sie sich solidarische Verbündete suchen, die Sie stärken, beraten und tatkräftig unterstützen.

Konkrete Maßnahmen. Der Katalog an konkreten Schutzmaßnahmen ist endlos. Im Folgenden nur eine beispielhafte Auflistung kleinerer und größerer Maßnahmen, um Ihnen Ihre Möglichkeiten anzudeuten:

- Sie dürfen anderen von seinen Suchtproblemen berichten, damit diese sich auch davor schützen können, Schaden zu nehmen, z. B. einem Spielsüchtigen oder Drogensüchtigen größere Summen Geld zu leihen.
- Sie dürfen einen suchtkranken Partner aus dem gemeinsamen Schlafzimmer werfen.
- Sie dürfen das Telefon abstellen, wenn ein Suchtkranker Sie mit ständigen (vor allem nächtlichen) besoffenen Anrufen nervt.
- Sie dürfen bei einem Spielsüchtigen Ihren Computer mit einem Passwort versehen.
- Sie dürfen sich trennen und jeden Kontakt einstellen.
- Sie dürfen ein drogenabhängiges Kind aus der Wohnung werfen und, falls es noch minderjährig ist, z. B. in einem Betreuten Wohnen unterbringen.
- Sie dürfen bei einem spiel- oder drogensüchtigen Partner ein eigenes Konto führen, das nur Ihnen zugänglich ist, damit die wirtschaftliche Existenz von Ihnen oder Ihrer Familie gewährleistet ist.
- Sie dürfen den Suchtkranken wegen Straftaten, z. B. wegen alkoholisierten Autofahrens, des Besitzes illegaler Drogen oder Diebstahls, anzeigen.
- Sie dürfen einen Suchtkranken anzeigen, der sich Ihnen oder gegenüber den Kindern gewalttätig verhält. Sie dürfen sich in einem solchen Fall ins Frauenhaus flüchten, ihn hinauswerfen und gerichtlich eine Kontaktsperre bewirken.
- Falls Kinder unter einem suchtkranken Vater oder einer suchtkranken Mutter leiden, dürfen Sie das Jugendamt oder die Familienhilfe einschalten. Sie dürfen anstreben, einem schwer und uneinsichtig Süchtigen das Sorgerecht oder Umgangsrecht für die Kinder zu entziehen, um Schaden von den Kindern abzuwenden.

Falls Sie solche oder andere Schutzmaßnahmen ergreifen, kann es sein, dass der Suchtkranke und andere Ihnen massive Vorwürfe machen. Lassen Sie sich kein schlechtes Gewissen einreden, denn Sie haben ein Recht, sich zu wehren, Ihre Unversehrtheit herzustellen und womöglich betroffene Kinder zu schützen. Falls Ihre Situation schon stark eskaliert ist, Sie in echter Not sind und es Ihnen an Unterstützern mangelt, zögern Sie bitte nicht, sich professionell unterstützen zu lassen, z. B. durch eine Beratungsstelle, einen Arzt, einen Psychotherapeuten, das Jugendamt, die Polizei oder einen Anwalt.

Aktion

Nehmen Sie sich ein wenig Zeit und denken Sie zunächst darüber nach, was Sie durch die Sucht des anderen für psychische, soziale, körperliche, wirtschaftliche oder sonstige Schäden erleiden. Dann überlegen Sie sich bitte mögliche Schutzmaßnahmen, die Sie selber umsetzen können, und hilfreiche Personen und Stellen, an die Sie sich wenden können.

Ihre Beeinträchtigungen und Schäden:	Geeignete Maßnahmen und mögliche Solidarpartner:
1.	1.
2.	2.
3.	3.

5.10 Was Sie wirklich über Sucht wissen sollten

In Broschüren und Ratgebern oder Beratungen, Therapien und Seminaren für Angehörige werden Sie gewöhnlich ausführlich über Suchtmittel, deren Wirkung und Folgen aufgeklärt. Oder Sie werden als Co-Therapeut dafür qualifiziert, noch wirksamer auf den Suchtkranken einzuwirken, damit er seinen Konsum reduziert und eine Therapiemotivation entwickelt. Mit Blick auf den Suchtkranken und seine Heilung ist dies durchaus sinnvoll und hilfreich. Doch mit Blick auf Sie als Angehörige halte ich es im Prinzip für überflüssig, Sie zur Suchtexpertin auszubilden. Es ist ganz einfach nicht Ihre Aufgabe und Verantwortung. Der Suchtkranke ist Experte für seine Sucht, und er hat ein Problem, um das er sich kümmern sollte, was aber vor allem seine Verantwortung, Entscheidung und Aufgabe ist.

Ich möchte es mal spitz formulieren: Falls Sie daran Gefallen finden, Ihr Dasein als Erzieherin, Krankenschwester und Sozialarbeiterin eines Suchtkranken zu fristen, bitte tun Sie es. Vielleicht haben Sie ja Erfolg und er dankt es Ihnen, das soll durchaus vorkommen. Der Fall ist sogar recht häufig. Liebevolle Zuwendung ist oftmals erfolgreich und heilsam. Sollte Ihr Plan gelingen und er hört auf, ist auch Ihnen und allen anderen geholfen. Doch in meinen Augen verpassen Sie in Ihrem einseitigen Engagement eine Fülle an Chancen, für sich selbst tätig zu werden und Ihre Verstrickungen zu überwinden, also persönliche Unabhängigkeit und Selbstbestimmung zu gewinnen. Obendrein, was ist in dem genauso häufigen Fall, dass sich der Süchtige unwillig zeigt und sich nicht wie gewünscht verändert? In diesem Fall haben Sie als Helferin ein echtes Problem. Das Problem fällt auf Sie zurück. Darum genau geht es in diesem Ratgeber.

Unabhängigkeit wahren. Was sollen Sie tun, wenn Sie z. B. Alkohol oder Drogen in Verstecken finden oder herausfinden, dass er mal wieder gespielt hat? Wie sollen Sie auf einen Rückfall also reagieren? Was können Sie tun, um ihm zu helfen, seinen Konsum zu reduzieren oder zu überwinden? Wie können Sie ihn unterstützen, Motivation für eine Therapie zu finden? – Es ist nett, wenn Sie ihm helfen. Doch ich bleibe dabei: Das sind Fragen, die vor allem er sich stellen sollte, weniger Sie. Es ist möglich, dass Sie sich ungünstig verhalten und dadurch sein Suchtverhalten noch verstärken. Aber das ist weniger Ihr Problem, vielmehr sein Problem. Es ist vor allem seine Angelegenheit, die Sucht zu überwinden, und zwar unabhängig davon, ob seine Umgebung sich günstig oder ungünstig verhält. Es ist darüber hinaus seine Aufgabe, Sie um Hilfe zu bitten und Ihnen zu sagen, was ihm hilft. Es ist nett von Ihnen, wenn Sie ihm die Unterstützung zukommen lassen, um die er Sie bittet. Sie müssen ihm aber nicht helfen. Sie haben das Recht, je nach Lust und Laune sowohl Ja als auch Nein zu sagen.

Ihre (Eigen-)Verantwortung wurde in den vorhergehenden Abschnitten beschrieben. Was können Sie also tun, wenn es mal wieder geschehen ist? Wie oben schon ausgeführt, nehmen Sie Abstand, gönnen Sie sich eine Pause, fragen Sie sich, wie es Ihnen geht und wonach Ihnen ist, und dann handeln Sie ohne falsche Rücksichtnahme in Ihrem eigenen Sinn. Schütten Sie z. B. den Alkohol aus, spülen Sie das Gras im Klo hinunter oder lassen Sie das Zeug liegen, wo es ist. Schweigen Sie dazu oder stellen Sie den Suchtkranken zur Rede. Weinen Sie, ärgern Sie sich, werden Sie laut, sodass auch die Nachbarn Sie hören, oder bleiben Sie ruhig. Sie haben die Wahl und das Recht, das zu tun, wonach Ihnen zumute ist. Und sollten Sie unsicher sein, lassen Sie sich von vertrauten Personen beraten. Oder lesen Sie nochmals das eine oder andere Kapitel, wo Sie eine für Sie stimmige Antwort vermuten.

Aus reinem Selbstzweck ist es dennoch für Sie günstig, nachstehende Wissensinhalte über Suchterkrankungen für den normalen Wahnsinn des Alltags mit einem Suchtkranken im Hinterkopf zu haben.

Sucht ist eine Krankheit

Der Konsum oder das Suchtverhalten sind nicht boshaft oder moralisch verkommen. Nehmen Sie dem Suchtkranken sein süchtiges Verhalten nicht übel. Trinken, Spielen, Kiffen, Spritzen oder Hungern sind Symptome, genauso wie depressive Menschen symptomatisch immerfort lustlos und bedrückt sind oder Menschen mit Erkältungen ständig schnupfen und husten müssen. Ein Krankheitssymptom bedeutet, dass die Betroffenen sich krankheitsbedingt aktuell so verhalten müssen. Deswegen nehmen Sie diese symptomatischen Verhaltensweisen, obgleich Sie darunter leiden, nicht persönlich.

Allerdings dürfen Sie durchaus erwarten, dass ein Kranker, also auch ein suchtkranker Mensch, eine geeignete Behandlung aufsucht und alles dafür tut, wieder gesund zu werden. Falls Sie den Eindruck haben, dass der Suchtkranke das nicht tut, haben Sie jedes Recht, ihm dies übelzunehmen, ärgerlich zu werden, Erwartungen zu äußern und Konsequenzen zu ziehen.

Sucht ist selbstzerstörerisch mit Kollateralschaden

Sucht ist ein schleichender Prozess des Dahinsiechens und der Selbstzerstörung. Sucht hat schädigende Wirkung auf Körper, Psyche und das soziale Miteinander. Sucht endet allzu häufig tödlich. Die Zerstörungswut der Sucht ist aus einer inneren Verletzung und Verzweiflung gespeist. Wer schon mal eine Mauer mit einem Vorschlaghammer eingerissen hat, kennt die Lust am Kaputtmachen. Deswegen funktionieren auch all die wohlgemeinten, präventiven Aufklärungsmaßnahmen über die negativen Folgeschäden von übermäßigem Suchtmittelgebrauch und Suchtverhalten oder therapeutischen Appelle an die Vernunft von Suchtkranken nicht oder nur unzureichend oder bewirken sogar das Gegenteil. Es geht nämlich um Kaputtmachen. Sucht ist sowohl ein aus der Not geborener als auch ein lustvoller Akt der Zerstörung. Und – jetzt wird es für Sie interessant – Sucht ist ein Strudel, der jeden, der dem Suchtkranken zu nahe kommt, mit in die Tiefe reißt.

Was können Sie tun, um nicht in diesen verhängnisvollen Strudel zu geraten? Falls Sie schon drinstecken, strampeln Sie sich schnellstmöglich frei. Wie das geht, wurde Ihnen oben vermittelt: Nein sagen, Pausen einlegen, positive Aktivitäten unternehmen und sich schützen, um die wichtigsten Maßnahmen aufzuzählen. Und dann halten Sie ausreichend Abstand und seien Sie froh, dass Sie sich nicht auch noch im

Strudel befinden. Machen Sie sich klar, dass Sie ihm nicht helfen können, wenn Sie sich selbst im Strudel drehen. Falls zur Hand, können Sie dem Suchtkranken, um in der Metapher zu bleiben, allenfalls einen Rettungsring zuwerfen. Ansonsten können Sie nur auf seine Schwimmkünste vertrauen, Ihre Hilflosigkeit in Bezug auf die Sucht akzeptieren (siehe das nächste Kapitel 6.1) sowie, falls Ihnen danach ist, ihm Mut zurufen und ihn anfeuern.

Sucht ist selbstsüchtig

Der Süchtige ist fixiert auf Konsum und Rausch. Alles dreht sich nur um das Rauschmittel, dessen Beschaffung und Einverleibung und den Kick, das Berauschtsein, Breitsein oder Zugedröhntsein. An erster Stelle steht das Suchtmittel, an zweiter Stelle der Rausch, an dritter Stelle das Vergessen und an vierter Stelle das In-Ruhe-gelassen-Werden, um den Rausch und das Vergessen auskosten zu können. An fünfter Stelle dann kommen Sie als helfende Angehörige ins Spiel: *»Hol mir Bier!«* oder *»Haste mal 'nen Euro!«* oder *»Mir geht es schlecht!«* oder *»Du bist schuld!«* Alles andere ist Nebensache. Sie sind ihm in seinen selbstsüchtigen Interessen entweder eine hilfreiche Nebensache oder eine störende Nebensache, aber eben immer nur eine Nebensache.

Deswegen passt Ihre Selbstlosigkeit in der Hilfe für den Suchtkranken wie die Faust aufs Auge. Doch aufgepasst! Ihre Selbstlosigkeit ist in der Redensart das malträtierte Auge, denn sie ist dem Süchtigen und seinen selbstsüchtigen Interessen oftmals eine hilfreiche Nebensache. Ich möchte Ihnen vorschlagen, dass Sie sich eine Scheibe vom Egoismus des Suchtkranken abschneiden und ihn ein wenig als Vorbild nehmen. Eine wenig gesunde Eigenliebe von Ihrer Seite ist im Haupteffekt gesund für Ihre innere Ausgeglichenheit und Ihr Selbstwertgefühl. Als Nebeneffekt werden Sie in Bezug auf die süchtigen Interessen zur störenden Nebensache. Damit ist Ihnen eine Menge und ihm auch ein wenig geholfen.

Sucht ist eine chronische Krankheit

Es gibt zwei Zustände der Abhängigkeitserkrankung: den nassen und den trockenen Alkoholiker, den aktiven Spieler oder den ehemaligen Spieler, den Junkie oder den Ex-User, die hungernde oder die essende Magersüchtige etc. Abhängigkeitsstörungen sind nicht in dem Sinne endgültig zu heilen, dass die Problematik gänzlich verschwindet. Das liegt am sogenannten Suchtgedächtnis. Selbst nach Jahrzehnten kann jemand innerhalb kurzer Zeit rückfällig werden oder eine neue Sucht entwickeln. Ein Suchtkranker, der aufhört, seiner Sucht nachzugehen, ist nicht geläutert. Das Potential der Rückfälligkeit und Suchtverlagerung besteht lebenslang. Es ist allein die tagtägliche Verantwortung des abstinenten Suchtkranken, mit diesem Rückfallpotential vorbeugend umzugehen. Konsumvorfälle kommen in der Anfangszeit der Abstinenz nicht selten vor, und auch nach langer Zeit können Ausrutscher möglich sein. Es geht darum, dass der Suchtkranke einen geeigneten Umgang damit findet, um nicht in eine Rückfallentwicklung abzurutschen. Auch das – es kann nicht häufig genug betont werden – ist ausschließlich seine Verantwortung.

Warum möchte ich Ihnen das nahebringen? Ganz einfach, damit Ihre falsche Hoffnung auf Alles-wird-gut-Werden heilsam verstört wird. Wie der Kurzsichtige mit der Brille, der Lahme mit der Krücke, der Asthmatiker mit Medikamenten, so muss der Suchtkranke mit der Rückfallprophylaxe und – Aufgepasst! – Sie als Angehörige mit der Selbstfürsorge lebenslang leben. Machen Sie doch das Beste daraus.

Sucht ist Kontrollverlust

Das Kernsymptom der Abhängigkeitserkrankung ist der Kontrollverlust. Deswegen funktionieren vernunftzentrierte Appelle und Interventionen bei Suchtkranken nicht oder führen sogar zum Gegenteil. Das Symptom ist stets stärker. Darüber hinaus mögen wir Menschen es generell nicht, wenn wir übermäßig fremdbestimmt werden. Suchtmittelmissbrauch ist sehr häufig der verzweifelte Versuch, in einem vermaledeiten Leben ein Mögliches an Unabhängigkeit und Autonomie zu wahren. Der Titel eines sehr guten Buches über die Begleitung von Suchtkranken lautet daher treffend: »Wenn ich nicht will, dann will ich nicht!« (Trojak-Künne, 2003) Der Suchtkranke hat das Recht, selbst über sich zu bestimmen, auch über seinen Konsum, den Zeitpunkt zum Aufhören und die Art und Weise, wie er das bewerkstelligen möchte. Sie haben kein Recht, über all das zu bestimmen.

Deshalb möchte ich zum Schluss dieses Abschnitts nochmals das Wichtigste hervorheben, auch wenn es schon häufig benannt wurde, doch nicht häufig genug wiederholt werden kann: Für Sie geht es letztlich und immer nur um eins: Sie selbst, Ihr Leben und Ihre Unabhängigkeit. Und darüber haben Sie beileibe eine Menge Kontrolle.

6 Erobern Sie Ihr Leben wieder

Der Frosch muss an die Wand – viele Male und mit Schmackes.

Wieder Sie selbst zu werden und das Leben wiederzuerobern, sind zwei Schritte, die aufeinander aufbauen. In diesem Kapitel werden Ihnen Anleitungen gegeben, die komplexer oder spezieller sind und Ihnen mehr abverlangen. Bitte beachten Sie, dass Sie das Pferd nicht von hinten aufzäumen können. Z. B. können Sie die Kunst des Streitens nicht erlernen, wenn die Voraussetzung, Nein sagen und sich abgrenzen zu können, nicht gegeben ist. Oder es ist unmöglich, Lebensträume zu verwirklichen, wenn Sie noch unsicher sind, für sich im Kleinen aktiv zu werden. Deswegen überfordern Sie sich nicht, was nur zu unnötigem Frust führen würde. Sorgen Sie erst dafür, dass Sie die Grundlagen verinnerlichen, bevor Sie fortgeschrittene Themen angehen.

6.1 Ziehen Sie eine nüchterne Bilanz Ihrer Ohnmacht

Sie haben wahrscheinlich schon alles Menschenmögliche getan, um dem Suchtkranken zu helfen. Fragen Sie sich bitte, wie viele Jahre oder Jahrzehnte Sie noch so weitermachen wollen, bis Sie bemerken, dass Sie sich erfolglos abstrampeln? Aber vielleicht haben Sie ja morgen den lang ersehnten Erfolg, von dem Sie schon so lange träumen. Heute sollten Sie vielleicht noch weitermachen. Vielleicht wird morgen alles besser. Heute sollten Sie noch einmal versuchen, mit dem Suchtkranken zu sprechen. Vielleicht können Sie ihn ja heute endlich überzeugen.

Das wievielte Mal eigentlich lassen Sie sich von Ihrer falschen Hoffnung hinreißen, dass morgen alles besser wird? Wie viele Gespräche haben Sie schon geführt, sind ganz sachlich geblieben und haben versucht, ihn zu überzeugen? Wie viele schlaflose Nächte haben Sie durchlitten? Wie viele Male haben Sie schon gewütet oder geweint? Wie viel an Zeit, Sorge, Kraft und Geld haben Sie schon investiert? Wie verzagt sind Sie schon? Ein, zwei, fünf, zehn, 20 Jahre …? Es ist allein Ihre Entscheidung, ob Sie so weitermachen oder ob Sie etwas verändern wollen. Sie haben die Wahl. Auch Sie können aus dem täglichen und endlosen Kampf um Suchtmittel und Konsum aussteigen. Ein Suchtkranker beendet den Konsum nur aus sich heraus, aus einer eigenen Entscheidung bzw. in einem Prozess vieler kleiner, täglicher Entscheidungen und vieler kleiner, aktiver Schritte. Suchthilfe bedeutet zumeist »Hilfe durch Nicht-Hilfe« oder »Hilfe durch Loslassen«, wie man es in Fachkreisen nennt. Dasein, begleiten, stärken, ermutigen, aber den Suchtkranken selber machen lassen, ist die Kunst der Suchthilfe. Aus dem Konsum auszusteigen ist allein sein Ding. Sie können ihn dabei begleiten, abnehmen können Sie es ihm nicht.

Ernüchterung. Ihr Ding ist es, aus ihrem ohnmächtigen Tun und Machen, dem Hamsterrad Ihres Helfenmüssens und Rettenwollens auszusteigen. Ich schlage Ihnen vor, lehnen Sie sich zurück und beginnen Sie, Ihre Ohnmacht in Bezug auf den Suchtkranken wahrzunehmen. Am besten setzen Sie sich in einen gemütlichen Sessel und sehen sich das Theater Ihres Lebens in Ruhe an. Das Hamsterrad erzeugt falsche Hoffnung und besänftigt Ängste. Zurücklehnen erzeugt vielleicht Angst, aber es ist allenfalls erholsamer als das Hamsterrad.

Also lehnen Sie sich mutig zurück, atmen Sie durch, und dann nehmen Sie Ihre ganze Courage zusammen und ziehen nüchterne Bilanz, wie ratlos und hilflos Sie in Bezug auf Ihr eigenes Leben geworden sind. Und stürzen Sie sich nicht vorschnell wieder zurück ins Hamsterrad. Bitte meiden Sie es, vorschnelle Lösungen zu suchen. Zu handeln ist erst der zweite Schritt. Im ersten Schritt geht es nur darum, dass Sie zunächst wahrnehmen und erkunden und das Gefühl der Ohnmacht annehmen und halten. Lassen Sie es wachsen und freunden Sie sich mit dem Gefühl an. Ihr feines Gespür für Ohnmacht ist nämlich ein hilfreicher Ratgeber, der Ihnen sagt, wo es erfolgversprechend, aber auch wo es unnütze Verschwendung ist, sich zu engagieren.

Es ist hilfreich, wenn Sie diese Bilanz nicht allein ziehen, vielmehr sich von guten Freunden helfen lassen: »*Bitte, hast du Zeit für mich? Ich glaube, ich habe da ein paar Probleme und brauche Klarheit. Kannst du mir mal zuhören?*« Schauen Sie gemeinsam mit vertrauten Personen drauf, wie Sie sich hilflos in eine Lebenssackgasse manövriert haben, und lernen Sie zu akzeptieren, wie klein und schwach Sie sich tatsächlich häufig fühlen. Übrigens: Nur wer klein ist, kann wachsen, und nur wer keine vorschnelle Antwort hat, kann offen sein, fragen und lernen. Das Hamsterrad zu verlassen und wahrhaftig Bilanz zu ziehen, ist kein einmaliger, großer Sprung ins Glück. Die Politik der täglich kleinen Schritte zählt und entfaltet langfristige Wirkung. Es sollte zu einer lieb gewonnenen Gewohnheit werden. Genießen Sie das entspannte Gefühl der Ernüchterung und Klarheit, wenn Sie sich Ihrer Ohnmacht gewahr und offen für die Dinge werden, die Sie wirklich beeinflussen und verändern können.

Aktion

Nehmen Sie sich ein wenig Zeit und denken Sie in einem 1. Schritt ehrlich darüber nach, an welchen 10 Stellen Sie im Alltag mehr oder weniger ohnmächtig sind. Notieren Sie dies in Stichworten. Überlegen Sie sich bitte in einem 2. Schritt, was Sie stattdessen tatsächlich beeinflussen können.

Eher ohnmächtig und ratlos:	Einflussnahme möglich:
z. B. *seine Launen, Streit der Kinder*	z. B. *Pausen machen, Aktivitäten unternehmen*
–	–
–	–
–	–
–	–
–	–
–	–
–	–
–	–

6.2 Die Kunst, um Hilfe zu bitten

In dem Wunsch, jemanden, der psychisch krank oder in diesem Fall suchtkrank ist, retten zu wollen, steckt stets ein wenig Größenwahnsinn. Diese Neigung kommt bei professionellen Helfern wie auch helfenden Angehörigen häufig vor. Der Psychoanalytiker Wolfgang Schmidbauer hat in den 70ern des letzten Jahrhunderts den Klassiker zum Thema »Hilflose Helfer« geschrieben (1977). Eine Folge der grandiosen Helferproblematik bzw. der Abspaltung der Ohnmacht ist die Unfähigkeit zu bitten. Bitten ist eine grundlegende Kompetenz im Kontakt mit anderen Menschen. Nur wer freundlich bitten kann, kann die eigenen Bedürfnisse und Wünsche anderen angemessen kommunizieren und sich bei Schwierigkeiten Unterstützung holen und annehmen.

In abhängigen Beziehungen gibt es gewöhnlich kein echtes Bitten. Die Beziehung ist von beiden Seiten durch vorwurfsvolles Fordern gekennzeichnet: *»Ich brauche es!«* oder *»Ich muss das tun!«* oder *»Du zwingst mich dazu!«* Der Paartherapeut Hans Jellouschek hat diese Abhängigkeit in seinem Buchtitel »Ich liebe dich, weil ich dich brauche« (1985) trefflich auf den Punkt gebracht. Der Zwang, angeblich etwas tun zu müssen, ist zentrales Symptom der Sucht wie auch der Co-Abhängigkeit. Der Suchtkranke erlebt sein Verhalten als notwendige Reaktion auf das zwanghafte Helfenwollen der Angehörigen, z. B. *»Wenn du mir so kommst, muss ich trinken / spielen / kiffen …, um mich zu entlasten.«* Und die Angehörige ist ebenfalls überzeugt, aus einer Notwendigkeit zu reagieren, z. B. *»Wenn du trinkst / spielst / kiffst …, muss ich doch …«* oder *»Wenn du mich belügst, muss ich ärgerlich werden.«* Jeder rechtfertigt sein Verhalten als unvermeidliche Reaktion auf das uneinsichtige Handeln des anderen. Folglich wird vom anderen abhängig einseitig eingefordert, sein Verhalten zu ändern und die Situation zu verändern. Beide haben ja irgendwie recht, zielen aber aneinander vorbei, denn eine Beziehung ist – zum Glück – kein Gesetzbuch.

Freiheit der Liebe. Im Zusammenleben von Menschen gibt es Regeln und Pflichten. Diese darf man einfordern. Zu viel zu trinken oder Geld zu verspielen ist ein Regelbruch. Dagegen dürfen Sie protestieren und Sie dürfen hier Erwartungen äußern und Ihre Interessen durchsetzen. Darum soll es hier aber nicht gehen. In einer freundschaftlichen oder Liebesbeziehung geht es überwiegend darum, dass Sie Bedürfnisse und Wünsche oder Probleme haben, in deren Erfüllung oder Lösung Sie auf andere angewiesen sind. Eine Beziehung kann nach Jellouschek nur gelingen, wenn Sie sagen können: »Ich brauche dich, weil ich dich liebe.«

Bedürfnisse sollten Sie offen und freundlich kommunizieren, falls Sie im Leben nicht zu kurz kommen wollen – mit dem kleinen, aber wichtigen Zusatz *»bitte«*. *»Bitte, ich wünsche mir von dir«* oder *»Ich habe ein Problem. Bitte, kannst du mir helfen?«* Der andere ist frei, Ja oder Nein zu sagen, ohne sich zu erklären. Die bedingungslose Akzeptanz dieser Freiheit des anderen (und der eigenen Ohnmacht) ist entscheidend, damit die Bitte authentisch ist. Sie werden feststellen, dass Sie mit dieser freundlichen Strategie langfristig mehr Erfolg und Freude haben werden.

1. »Hilf mir bitte, ich habe ein Problem«

Im Abschnitt zuvor wurde der erste Schritt, dass Sie die eigene abgespaltene Ohnmacht und Hilfebedürftigkeit wieder wahrnehmen und akzeptieren, abgehandelt. Der zweite Schritt, in der Tat auf andere zuzugehen, kostet immer etwas Mut, denn Sie könnten abgewiesen werden. Lassen Sie sich nicht entmutigen. Freundliche Bitten werden selten und nur mit guten Gründen abgelehnt.

Auch überfordern Sie nicht Ihre Helfer. Helfer sind nie so perfekt, wie Sie sie sich wünschen. Jeder Ratschlag und jede Hilfestellung eines anderen hat deswegen sowohl einen Wert als auch eine Grenze. Ob oder wie weit Sie einen Rat oder eine Hilfestellung annehmen, entscheiden selbstverständlich ausschließlich Sie. Und falls Sie Hilfe angenommen haben, bedanken Sie sich gebührend, aber fühlen Sie sich nicht schuldig. Wer nett um Hilfe gebeten wird, gibt gerne. Sie stehen in keiner Schuld.

2. Ihre Hilfe ist wertvoll

Hören Sie auf, dem Suchtkranken und anderen Menschen Ihre Hilfe aufzudrängen. Das ist salopp ausgedrückt »Perlen vor die Säue«. Warten Sie, bis er oder andere Sie ausdrücklich bitten. Helfen Sie ihm und anderen nur, wenn Sie erstens freundlich gebeten werden und Sie auch dazu bereit sind, also Zeit und Lust haben. Denn Bitten dürfen Sie verneinen, ohne sich zu erklären.

Apropos, falls der Suchtkranke mit einer suchttypisch verkappten Bitte an Sie herantritt, verweigern Sie sich rigoros. Eine verkappte Bitte ist nichts anderes wie eine drängende Forderung in der Verkleidung einer Bitte: »*Wo ich dich so nett frage, musst du doch Ja sagen!*« oder »*Du musst mir helfen, sonst will ich nicht mehr leben. Ich sage auch BITTE!*« In dieser Verstellung versteht sich manch Süchtiger gut. Hören Sie auf, darauf hereinzufallen.

Nochmals zusammengefasst: Helfen Sie nur dort, wo Sie freundlich gefragt werden und Sie es aus der inneren Freiheit, einer echten Überzeugung und mit Freude im Herzen tun wollen.

3. »Bitte hilf mir, dir zu helfen«

Dies ist nun die Strategie für Fortgeschrittene. Suchtkranke wollen gerne gerettet werden, und zwar hier und sofort. Nach der rosaroten Pille zum Glücklichsein oder dem Patentrezept für alle Lebenslagen geht ihr drängendes Verlangen. So funktioniert es natürlich nicht. Deshalb spielen Sie den Ball zurück, falls der Suchtkranke und auch andere Sie um Hilfe bitten. Bitten Sie die Person, Ihnen bei der Unterstützung zu helfen: »*Bitte hilf mir, dir zu helfen!*« Drei goldene Fragen möchte ich Ihnen für den Fall empfehlen:

1. Was für ein konkretes und realistisches Ziel möchte die Person mit Ihrer Unterstützung erreichen?
2. Was kann die Person konkret selbst dazutun, ihr Ziel zu erreichen?
3. Welche konkrete Unterstützung von Ihnen benötigt die Person?

Dieses Vorgehen klärt den Hilfewunsch, schafft eine partnerschaftliche Beziehung auf Augenhöhe und fördert Eigenständigkeit und Lernbereitschaft der um Hilfe ersuchenden Person. Übrigens, falls Sie selber um Hilfe bitten, dürfen und sollten Sie sich ebenfalls vorher diese drei Fragen stellen. So schaffen Sie günstige Voraussetzungen dafür, dass andere Ihnen effektive Unterstützung geben können.

6.3 Werfen Sie die Moral vom besseren Menschen über Bord

Überzeugungen, Grundsätze oder Ideale, denen man sich aufgrund der eigenen Lebenserfahrung verpflichtet hat und zu denen man im Lebensalltag steht, das ist meine Meinung, schmücken einen Menschen. Überzeugungen prägen den Menschen in seiner einzigartigen Persönlichkeit und sind Teil von Selbstvertrauen, Verantwortungsbewusstsein und Verlässlichkeit. Sie haben gewöhnlich positive Wirkung auf die Person und ihr Umfeld.

Co-Abhängigkeit ist allerdings allzu häufig durch extrem hohe und unflexible Selbstansprüche gekennzeichnet. Es wird an den Idealen auch dann noch festgehalten, wenn dies im krassen Widerspruch zum emotionalen Erleben steht und in der gegebenen Situation unangemessen oder sogar von Nachteil für die Person ist. Fürsorgliche und prosoziale Einstellungen, die im helfenden Kontakt zu einem Suchtkranken zu Verstrickungen führen können, wurden in den Abschnitten 4.3 und 4.4 erläutert.

Typische Ideale mit co-abhängigem Risiko sind:

- *Leistungsorientierung:* immerzu das Beste geben wollen; stets alles von sich verlangen; nie mit sich und den Ergebnissen zufrieden sein; immer denken, nicht genug getan zu haben
- *Soziale Ideale:* fortwährend freundlich sein wollen; nicht egoistisch sein dürfen; ständig helfen wollen; immer Rücksicht auf andere nehmen; es anderen recht machen müssen

- *Fürsorgliche Ansprüche:* immer verfügbar sein; sich aufopfernd für andere hintanstellen; andere bis zur Selbstaufgabe bedienen, versorgen und pflegen
- *Moralische Werte:* stets vernünftig oder sachlich bleiben; niemals die Contenance verlieren; sich nicht gehen lassen; viele »Das-macht-man-Nicht«; streiten darf man nicht; es ist verboten, laut zu werden
- *Ethische Werte:* »Wenn man dich auf die rechte Wange schlägt, so halte auch die linke hin«; Behandle andere so, wie du von ihnen behandelt werden willst«, »Liebe deinen Nächsten wie dich selbst«

Die Selbstansprüche können zu einem Gefängnis werden. Eigentlich kochen Sie innerlich vor Wut und möchten sich das nicht mehr gefallen lassen. Aber da es Ihre Grundsätze vorschreiben, müssen Sie gute Miene zum bösen Spiel machen. In einem engen Kontakt zu einem Suchtkranken können solche Ansprüche fatale Wirkung entfalten. In Ihren übermäßigen Selbstidealen sind Sie ausnutzbar und manipulierbar. Der Süchtige spielt auf Ihren Idealen wie auf einem Klavier. Er handelt selbstsüchtig, Sie als Angehörige handeln gebunden an Ihre Ideale selbstlos. Dieses Ungleichgewicht geht stets zu Ihren Lasten. Sie sind Opfer des Zusammenspiels der süchtigen Manipulationen und Ihrer Selbstansprüche. Über die Sucht haben Sie keine Kontrolle, über Ihre Grundsätze sehr wohl.

Last abwerfen. Ich möchte Ihnen empfehlen, überprüfen Sie Ihre Überzeugungen. Es geht mir nicht darum, dass Sie alle über Bord werfen. Sie sind im Prinzip gut. Es geht nur darum, dass Sie das Übermaß an Gebundensein und Unbeweglichkeit erkennen, infrage stellen und nach und nach abbauen. Frei nach dem Motto: »Liebe Mädchen kommen in den Himmel, böse Mädchen kommen überall hin.« Und registrieren Sie bitte, wie viel Energie Ihre übermäßigen Ansprüche tagtäglich binden und verbrauchen. Bitte ziehen Sie vor allem eine nüchterne Bilanz, wie sehr Sie sich selbst im Kontakt und in der Hilfe für den Suchtkranken übermäßig einengen und zwingen. Echte Freunde sind in einer solchen Selbstauseinandersetzung gute Ratgeber.

Aktion

Nehmen Sie sich ein wenig Zeit und denken Sie aufrichtig darüber nach, welche Ideale und Ängste Sie im Alltag antreiben. Notieren Sie die drei wichtigsten Sätze. Sodann überlegen Sie sich alternative Grundsätze, die Ihnen mehr Spielraum lassen.

Zu hohe Ideale und Ängste:	Alternative, gesunde Grundsätze:
»Ich muss / soll immer ... sonst ...« *»Wenn ich nicht ... dann ...«*	*»Ich möchte / darf / kann ... aber wenn es nicht klappt, ist es auch nicht schlimm.«*
Beispiel: *»Ich muss immer freundlich sein, sonst werde ich nicht geliebt.«*	Alternativ: *»Ich bin gerne freundlich, aber es gibt eine Grenze und dann kann ich auch anders.«*
1.	1.
2.	2.
3.	3.

6.4 Sich mit der Trauer anfreunden

Zu weinen und zu trauern sowie Trost zu erfahren und anzunehmen, ist eine grundlegende emotionale Qualität, mit der Sie schon zur Welt kamen. Schon als Säugling konnten Sie sich in den Schlaf nöckeln. Ein niedergeschlagenes Gesicht oder Weinen sind zwischenmenschliche Signale. Es drückt aus, es geht mir schlecht, ich brauche Trost und nimm mich in den Arm. Als Kind sind Sie hingefallen und haben sich das Knie schmerzhaft aufgeschlagen. Sie haben eine schlechte Note aus der Schule mit nach Hause gebracht. Ihre erste Jugendliebe ist zerbrochen. Sie fallen durch eine Prüfung in der Ausbildung oder haben beruflich einen Misserfolg. Der Partner trennt sich oder eine geliebte Person stirbt. Ihr Vermögen, zu trauern und Trost zu erfahren, hilft Ihnen die kummervollen Erlebnisse auszuhalten, abzumildern und zu akzeptieren.

Der Prozess des Trauerns hat den Sinn, etwas loszulassen, und zwar im Kleinen, wenn etwas nicht so klappt, wie wir uns es vorstellen, wie auch im Großen, wenn wir einen schlimmen Schmerz durch Krankheit, Scheitern, Trennung, Alter oder Tod erfahren. Falls Sie als junger Mensch angemessen Trost erfahren haben, verinnerlichen Sie in Folge dessen die Selbstkompetenz, Verluste und Misserfolge eigenständig verarbeiten zu können und in sich Halt und Trost zu finden. Dies ist ein wesentlicher Teil des Selbstvertrauens und psychischer Stabilität. Die angeborene und für die eigene Psychohygiene so wichtige Fähigkeit, Trost zu erfahren, kann auf dem Lebensweg verloren gehen. So ist im aufreibenden Alltag mit einem Suchtkranken kein Raum und keine Zeit dafür, innezuhalten, Verletzungen wahrzunehmen, Wunden zu lecken und tröstenden Halt zu erfahren. Eine meiner Klientinnen schilderte, dass ihre suchtkranke Mutter sie stets schlug, wenn sie weinte, damit sie aufhörte, zu weinen. Die Klientin musste lernen, ihre Tränen zu verstecken, um nicht misshandelt zu werden. Ähnlich ergeht es Partnerinnen und Eltern, auf deren Ausdruck von Verletzung und Trauer der Suchtkranke stets mit verbalen Abwertungen und Demütigungen reagiert. Eine solche, wiederkehrende Erfahrung kann dazu führen, dass Sie ein leidvolles Fass der Tränen aufstauen.

Viele Angehörige, die das Trauern verlernt haben, haben große Angst davor, wieder zu weinen. Sie meinen, nicht mehr aufhören zu können, wenn sie erst anfangen. Doch, wenn Sie Ihre Trauer aufstauen und ihr keine liebevoll tröstende Aufmerksamkeit schenken, hat dies für Ihr emotionales Funktionieren schlimme Folgen. Hartherzigkeit, Verbitterung, Zynismus, Hass und Depressionen sind Spielarten der Trauerverleugnung. Vielleicht ist die Ressource, zu weinen, in Ihnen verloren gegangen, doch Sie können sie wiederentdecken und reaktivieren. Ja, es kann sein, dass Sie einige Wochen weinen, wenn die Dämme brechen. Vielleicht braucht es eine Zeit, bis Ihr Trauerfass abgeweint ist und Ihnen wieder leichter ums Herz wird. Es gehört zu den wundervollsten Lebenserfahrungen, wenn Ihnen jemand bedingungslos zugewandt ist, Ihnen solidarisch zuhört, Sie mitfühlend anschaut oder liebevoll hält.

Als Erwachsene haben Sie darüber hinaus die Wahl, sich selber trösten zu können. Die Spielarten des Selbsttrosts sind mannigfaltig:

- *traurige Musik hören oder ein Lied in Moll summen*
- *sich selber in den Arm nehmen, streicheln oder massieren*
- *sich in eine warme Decke rollen, eine Wärmflasche auf den Bauch legen oder heiß duschen oder baden*
- *einen Sonnenuntergang oder die Wolken am Himmel beobachten oder in den Regen starren*
- *einen Wohlfühltee oder andere Heißgetränke trinken*
- *sich in einem Schaukelstuhl hin- und herwiegen*
- *an einer wohlriechenden Blume schnuppern*
- *einen (Herbst-) Spaziergang unternehmen*
- *sich etwas Schönes und Teures kaufen*
- *einen traurigen Roman lesen oder ein trauriges Gedicht deklamieren*
- …

Aktion

Welche Personen kommen in Frage, Sie zu trösten?

Wie mögen Sie getröstet werden, was mögen Sie nicht?

Was können Sie machen, um sich selber zu trösten?

In Ihrer belasteten Situation als Angehörige ist die Fähigkeit, trauern zu können, vor allem hinsichtlich zweier Aspekte bedeutsam. Falls der Suchtkranke erstens uneinsichtig ist, benötigen Sie die Trauer, um die Sucht zu akzeptieren. Es ist nicht schön, jemandem zuzusehen, wie er sich nach und nach zerstört. Indem sie Ihrer Trauer ausreichend Raum geben, Trost anderer erfahren und Möglichkeiten des Selbsttrosts entwickeln, können Sie sich erleichtern und dafür sorgen, dass Sie wieder durchatmen können. Geteiltes Leid ist halbes Leid! Indem sie weinend akzeptieren, dass Sie in Bezug auf seine Sucht ohnmächtig sind, schaffen Sie die Voraussetzung und Öffnung, sich wieder Ihrem Leben zuzuwenden.

Falls Sie sich zweitens entscheiden, zum Suchtkranken mehr Abstand einzunehmen, den Kontakt zum Suchtkranken zu begrenzen oder sogar abzubrechen, benötigen Sie die Fähigkeit, zu trauern, um reinen Herzens gehen zu können. Viele Angehörige, die sich allzu sehr verstrickt haben, hängen oftmals dem irrigen Glauben an, dass sie ihre Situation durch einen sauberen Schnitt bereinigen können. Sie denken, wenn Sie jeglichen Kontakt zum Suchtkranken von heut auf morgen kappen, dass sie dem Übel und Leid entkommen können. Ich finde, dass Sie das Recht zu einem solchen Schritt des Kontaktabbruchs haben und es nicht selten zum Selbstschutz notwendig ist. Doch emotional geht die Rechnung nicht auf. Typisch ist es, dass z. B. Partnerinnen nach einer Trennung, Eltern nach dem Herauswurf Ihres suchtkranken Kindes oder erwachsene Kinder nach dem Kontaktabbruch zu den suchtkranken Eltern statt befreit aufzuleben, zunächst in tiefe Depressionen fallen oder starke Lebensängste entwickeln. Diese entstehen durch die Vermeidung der erfahrenen Verletzungen. Die Folgestörungen können sich auch erst viele Jahre später entwickeln.

Es ist ein (lebens-)langer Trauerprozess, zu verstehen und zu akzeptieren, was Ihnen jahrelang zugemutet wurde und was Sie sich jahrelang haben zumuten lassen. Die mannigfaltigen Kränkungen wollen beweint werden und die Wunden geleckt werden. Emotionale Verletzungen haben ein eigenes Tempo, zu heilen. Es braucht Zeit, Fürsorge und Verständnis. Bitte bleiben Sie mit Ihrer Trauer nicht allein!

Die folgende Kurzgeschichte zum Thema Trauer und Trost habe ich einem erwachsenen Kind aus einer Suchtfamilie geschrieben, die bei mir eine Psychotherapie durchführte, um ihr Kindheitstrauma zu überwinden.

Kurzgeschichte: Trau Dich!

Es war einmal ein nicht mehr kleines Mädchen, das hatte ganz viel Angst, sich weh zu tun. Wenn man nämlich Aua hat, muss man heulen. Und Heulen war schrecklich. Das mochte das Mädchen nicht und deswegen blieb es immer zu Hause, wo es sich sicher fühlte. Zu Hause hatte es alles Rosarot eingerichtet. Die Wände waren zartrosa gestrichen und das Sofa war dunkelrosa und die Tischdecke hatte ein rosarotes Blümchenmuster. Rosa war schön und gemütlich und hoffnungsfroh. Das Mädchen liebte Rosa.

Eines Tages ging das Mädchen im Grünen spazieren. Es stolperte über eine vorwitzige Wurzel und fiel auf den Hosenboden. Auf dem Boden sitzend und mit Popoweh sah es durch die tränennassen Augen ein komisches, kleines und runzliges Männlein, das es noch nie zuvor gesehen hatte. Das Männlein war ganz blau. Blau wie der Himmel und blau wie das Meer und blau wie die Schlümpfe.

»Hast Du Dir weh getan?«

»Nein, geht schon! – Bist Du ein Schlumpf?«

»Nein, ich bin kein Schlumpf.«

»Wer bist Du dann, Du kleiner, blauer Kerl?«

»Kennst Du mich nicht?«

»Nein, ich mag nur Rosarot.«

»Rosa ist eine schöne Farbe. Blau und Rosa passen gut zusammen.«

»Hmm! Und wer bist Du?«

»Ich bin der Trost.«

»Wie der Trost?«

»Du kennst mich nicht, Du Arme! Ich bin der, der die Schmerzen leichter macht, der Dich beruhigt und einschlafen lässt, wenn Du krank bist, etwas verloren oder Sorgen hast. Ich trockne Deine Tränen und lasse Dich wieder durchatmen und bringe Dich zum Lachen, auch wenn es weh tut.«

»Ich mag keine Schmerzen und keine Tränen. Sie sind doof. Ich will sie nicht."

»Jeder hat sie, sie gehören zum Leben. Der Schmerz ist der Bruder der Lebenslust. Ohne Schmerz und Lust kein Leben. Und damit ihr Menschen das Leben trotz des Schmerzes lieben könnt, gibt es mich.«

»Warum warst Du dann nie für mich da, wenn ich Dich brauchte?«

»Ich bin immer für Dich da. Als Du klein warst, war ich für Dich da. Ich habe gepustet und Dich gehalten, Dich gewiegt, Dir mildernde Worte ins Ohr geflüstert, Dir Lieder gesungen und Dich gekitzelt. Du kannst Dich nur nicht mehr erinnern. Dann hat sich eine finstere Wolke zwischen uns gedrängt. Du konntest mich nicht mehr erkennen und hast mich vergessen. Das war traurig. Später bist Du groß geworden. So groß und wütend. Ich war da, bin immerzu hochgesprungen und habe gewunken. Du hast nie zu mir heruntergeschaut. So konntest Du mich nicht sehen.«

»Wo finde ich Dich?«

»Überall und immer!«

»Und wie finde ich Dich?«

»Wenn Du Dich klein fühlst und den Kopf vor Kummer senkst, bin ich da für Dich.«

6.5 Entwickeln Sie eine gesunde Aggressivität

Zum Schimpfen, Meckern, Motzen, Auf-den-Tisch-Hauen, Kritisieren, Erwarten und Fordern, aber auch um die persönlichen und beruflichen Interessen zielstrebig und ausdauernd zu verfolgen, brauchen Sie eine gesunde Portion Aggressivität. Der Frosch muss an die Wand, und zwar nicht nur einmal, sondern unzählige Male. In Ihren Verstrickungen haben Sie gewohnheitsmäßig verinnerlicht, Ihren Ärger – die wichtigste Emotion, die die gesunde Aggressivität speist und antreibt – zu übergehen. Das betrifft vor allem die Beziehung zum Süchtigen, aber auch alle anderen Lebenslagen. Besonders Frauen spüren ihren Ärger oft nicht, oder sie interpretieren ärgerliche Impulse falsch als Angst oder Trauer. Dahinter steht oftmals die Angst vor der eigenen Durchschlagskraft oder vorweggenommene Verlustängste: »*Wenn ich mich traue, ärgerlich zu werden, werde ich unsere Liebe zerstören und ihn verlieren.*«

Lebendigkeit. Dazu gehört aber auch, den Ärger anderer auszuhalten. Die Welt geht nicht unter, nur weil Sie einen Fehler gemacht haben oder jemandem (versehentlich oder absichtlich) auf den Fuß getreten sind. Wenn Sie etwas in dieser Welt wollen, müssen Sie auch mal riskieren, etwas falsch zu machen oder anzuecken. Wenn Sie in einer Partnerschaft nicht untergehen oder sich gegenüber einem Chef nicht klein fühlen wollen, müssen Sie auch mal den Partner oder Chef ordentlich mit dem Ellbogen traktieren. Und wenn Sie getroffen haben, entschuldigen Sie sich bloß nicht aus falscher Harmoniesucht, sondern freuen Sie sich über den Volltreffer. Wenn Sie lernen, Ihren eigenen Ärger als etwas Lebendiges und Lebensbejahendes zu akzeptieren, werden Sie auch lernen, den Ärger anderer als etwas zum Leben Gehörendes zu begrüßen.

Eine gesunde Aggressivität wiederzugewinnen, ist ein komplexes Thema und benötigt ein wenig Selbsttoleranz, Geduld und Hartnäckigkeit. Geben Sie nicht auf, wenn es nicht sofort klappt. Falls Sie sogar über das Ziel hinausschießen, feiern Sie es als Erfolg. Die Feinabstimmung entwickeln Sie erst durch Versuch und Irrtum. Vier Schritte sind nach meiner Erfahrung für Sie als Angehörige entscheidend, um eine gesunde Aggressivität zu entwickeln.

1. Auch mal ausrasten

Sie sollten lernen, Gefühle der Enttäuschung, des Ärgers, der Wut, der Kränkung und der Verzweiflung gegenüber dem Süchtigen anzunehmen und auszudrücken. Die verletzte Wut kann Sie anfangs auch mal überwältigen, Sie rasten aus und einiges an Geschirr fliegt stellvertretend für den Frosch an die Wand. Dies bringt die Situation zwar meist nicht voran, es ist aber für Ihre innere Balance sehr gesund, die aufgestauten Gefühle herauszulassen. Mit der Zeit und der Übung werden Sie nach und nach Ihre Selbstzweifel und Ängste überwinden und Sicherheit und Selbstgewissheit im Ausdruck Ihres Ärgers entwickeln.

2. Ärger ist lebendig und kann genutzt werden

In einem zweiten Schritt sollten Sie lernen, Ihren Ärger als etwas Gewinnbringendes und Lebendiges zu begreifen. Sie sollten lernen, die eigene Wut in Konflikte einzubringen und vor allem für Ihre Zwecke und Absichten bewusst und zielgerichtet zu nutzen. Ärger stärkt das Selbstbewusstsein und hilft, hinderliche Hürden zu nehmen oder Mauern einzureißen. Die hohe Kunst, sich zu streiten, besteht darin, mit dem ganzen Brast und Ärger, den man hat, dennoch freundlich und zugewandt zu bleiben, was Ihnen im folgenden Abschnitt näher vermittelt wird (die Kunst zu streiten).

3. Aufhören, sich zu ärgern

Über gewisse Dinge, die den Süchtigen betreffen, sollten Sie allerdings aufhören, sich überflüssigerweise zu ärgern. Sie sollten sich abgrenzen und ihm nicht mehr in seinen süchtig manipulativen Spielen auf den Leim gehen. Wenn es um Sie und Ihre Ziele geht, kämpfen Sie, aber lernen Sie, bei seinen Eskapaden gelassen zu bleiben. Packen Sie ihn an den Hörnern seiner Eigenverantwortung. Er muss die angerichteten Schäden selber ausbaden. Seien Sie gewiss: Er wird sich darüber ärgern, dass Sie sich nicht mehr ärgern und ihm die kalte Schulter zeigen (mein Ärger – dein Ärger). Probieren Sie es aus.

4. Transfer des Ärgers

Das Gelernte sollten Sie über die Beziehung zum Süchtigen hinaus auch auf andere Lebensbelange übertragen. Üben Sie geduldig, sich auch gegenüber der Familie, den Kindern, Freunden, Arbeitskollegen oder Ihrem Vorgesetzten abzugrenzen und sich mit Ihren Interessen und Zielen zu behaupten und durchzusetzen.

Aktion

1. In welcher Form könnten Sie Ihrem Ärger klarer und lauter Luft verschaffen?

2. In welchen Situationen wollen Sie gegenüber wem Ihre Interessen offensiver behaupten?

3. Worüber wollen Sie aufhören, sich zu ärgern?

6.6 Entdecken Sie die Kunst zu streiten

Gut zu streiten ist in jeder Beziehung eine Qualität und Notwendigkeit. Die Kunst zu streiten ist wie Salz und Pfeffer in der Suppe. Ohne schmeckt die Suppe nicht, mit zu viel wird sie ungenießbar.

In abhängigen Beziehungen sind zwei ungesunde Streitstrategien typisch, zumeist treten beide im Wechsel auf. Zum einen wird Streit partout abgelehnt. Der Süchtige will im berauschten Zustand nicht streiten, weil er den Rausch in Ruhe genießen möchte. Die verstrickte Angehörige weist die Möglichkeit, zu streiten, gewöhnlich aus einer Friede-Freude-Eierkuchen-Moral weit von sich. Bei beiden, Suchtkranken und Angehörigen, ist die Konfliktbereitschaft schambesetzt gehemmt und unterdrückt, weil die Nachbarn nichts mitbekommen sollen. Und beide sind bindungsunsicher. Das bedeutet, dass der Streit unterdrückte Trennungsabsichten und auch Ängste vor Verlassenwerden und Alleinsein auslöst, die beängstigend und bedrohlich sind. Streit ist aus der genannten Motivlage ein unterdrücktes Tabuthema, was die Voraussetzung zur zweiten abhängigkeitstypischen Streitstrategie schafft.

Wenn die Dämme brechen, weil die Konflikte aufgestaut worden sind, kommt es zum anderen regelmäßig zu exzessiven Ausbrüchen, mit allem, was dazugehört: Beleidigungen, Drohungen, Abwertungen, Verunglimpfungen, Geschrei, Türenschlagen, Tränen und leider allzu häufig auch Gewalt. Zumeist geht die Übergriffigkeit vom Süchtigen aus. Gewalt ist eine manipulative Strategie und Ultima Ratio, die süchtigen Interessen durchzusetzen. Gewalt kann aber auch co-abhängig motiviert sein, falls z. B. der Suchtkranke gegen seinen Willen eingesperrt und bewacht wird, um ihn zu zwingen, auszunüchtern und zur Vernunft zu kommen.

Beide beschriebene Strategien sind aus der Not geboren, enden aber stets in der Sackgasse und richten erheblichen Schaden an. Streiten hat viele gesunde Facetten, die Sie entdecken können. Das Thema ist zu vielschichtig, als dass es hier umfassend dargestellt werden kann, daher möchte ich Ihnen nur einige wenige, aber wichtige Anregungen geben.

Auseinandersetzung braucht auseinandersetzen

Im Konfliktfall distanzieren Sie sich bitte räumlich und emotional vom anderen und halten Sie einen gesunden Abstand. Zu viel Nähe führt entweder zu vorschnellen, halbgaren Lösungen oder fördert ein Hochkochen der Gefühle und im schlimmsten Fall auch Übergriffigkeit. Abstand hilft, eine sachliche Atmosphäre herzustellen, die eigenen Argumente vorzubringen, aber auch die des anderen anzuhören. Wenn Sie die Gefühle zu sehr überwältigen oder Sie das Gefühl haben, sich im

Kreis zu drehen, machen Sie eine Pause voneinander oder schlafen Sie ein oder zwei Nächte über das Konfliktthema: »*Ich kann nicht mehr. Ich brauche Abstand. Lass uns morgen weiterreden.*« Das schafft gesunden Abstand, aus dem heraus häufig das Problem in einem neuen Licht erscheint, was zur konstruktiven Lösung beiträgt.

Halten Sie die Konfliktspannung aus

Komplizierte Streitigkeiten lösen Sie nicht in fünf Minuten. Je nach Größenordnung braucht es manchmal viele Tage oder Wochen, bis ein Konflikt geklärt werden kann. Geben Sie nicht vorschnell nach, nur weil Sie die Konfliktspannung nicht aushalten. Durch vorschnelles Nachgeben schaffen Sie sich kurzfristig Erleichterung, doch der Konflikt ist nicht wirklich gelöst und kocht garantiert bei der nächsten Gelegenheit wieder hoch. Vorschnelles Nachgeben führt dazu, dass Sie der Verlierer sind. Wenn das zur Gewohnheit wird, geht Ihr Selbstwertgefühl in den Keller. Sie könnten so oder ähnlich die Kurve kriegen: »*Wenn ich jetzt nachgebe, dann bin ich mal wieder die Dumme. Das wünscht du dir so. Nein, da spiele ich nicht mit!*«

Keine vorschnellen, faulen Kompromisse

Dasselbe ist auch in Bezug auf vorschnelle, faule Kompromisse zu sagen. Diese kommen typischerweise zustande, wenn beide Konfliktpartner zu ängstlich sind, um einen Streit mit allen Konsequenzen bis zu Ende zu führen. Sollten Sie angesichts einer Konfliktlösung das bekannte schwindelige Gefühl der falschen Hoffnung spüren, trauen Sie der Situation nicht. Kurzfristige Erleichterung wird mit langfristiger Zuspitzung bezahlt. Das ist typisch (co-)abhängig. Stattdessen könnten Sie sagen: »*Das geht mir zu schnell und das ist zu einfach. Wir haben es noch nicht. Unser Problem ist viel komplizierter.*«

Bleiben Sie in Ihren Argumenten konkret, sachlich und hartnäckig

Geben Sie nicht gleich auf, nur weil er nicht sofort mit Verständnis reagiert. Pauschale Anschuldigungen und Verunglimpfungen, wie z. B.

»Nie verstehst du mich!« oder *»Immer bist du so unfair!«* führen zu nichts und sind destruktiv. Fragen Sie sich bitte, ob es Ihnen um allgemeine Rechthaberei und das pauschale, moralische Ins-Unrecht-Setzen des anderen oder um die Verfolgung Ihrer Interessen und Ziele geht? Also wiederholen Sie geduldig Ihre Argumente so lange, bis der andere Ihnen zuhört. Helfen Sie ihm, Sie zu verstehen, indem Sie möglichst konkret und sachlich im Hier und Jetzt bleiben: *»Du hast mich noch nicht richtig verstanden. Ich bitte dich, mir gut zuzuhören. Ich erkläre es dir noch mal anders …«*

Hören Sie gut zu und versuchen Sie, den anderen zu verstehen

Viele Streitigkeiten beruhen auf Missverständnissen. Wir verstehen, was wir hören wollen. Es ist deshalb gleichermaßen wichtig, dass Sie sich in Ihren Argumenten hartnäckig behaupten, aber auch dem anderen gut zuhören. Was meint der andere wirklich? Was verstehe ich nicht? Kann der andere mir helfen, dass ich ihn besser verstehen kann? Übrigens, dem anderen Verständnis zu signalisieren, bedeutet keinesfalls, vor seinen Argumenten zu kapitulieren: *»Habe ich dich richtig verstanden? Du bist der Meinung, dass … Das kann ich aus deiner Perspektive durchaus nachvollziehen. Dem möchte ich dennoch meinen Standpunkt entgegensetzen, dass …«*

Die schwierige Kunst zu streiten besteht insbesondere darin, das Konfliktthema herauszuarbeiten und auf den Punkt zu bringen. Die beiderseitige Akzeptanz der Differenz und Widersprüchlichkeit von Wahrnehmungen und Bewertungen birgt stets Möglichkeiten der Lösung.

Mit einem guten Ergebnis sind beide zufrieden

Ein gutes Ergebnis kennt keine Sieger und Verlierer. Mit einem guten Ergebnis können alle gut leben. Es hat Bestand auch über den Tag hinaus. Beide Konfliktpartner wahren das Gesicht und sind dauerhaft zufrieden.

Ausnüchterung als Voraussetzung

Weil ich es immer wieder erlebe, ein wichtiger Hinweis noch zum Schluss: Mit einer berauschten Person können Sie nicht streiten. Hören Sie auf damit, es zu versuchen. Voraussetzung für eine konstruktive Auseinandersetzung mit einem Suchtkranken ist nun mal, dass er suchtmittelbezogen und – ebenso wichtig – Sie emotional ausgenüchtert sind.

6.7 Leben Sie Ihre Träume

Im Kleinen sind Sie schon aktiv geworden, den ersten Teil der Lektion haben Sie verinnerlicht (Abschnitt 5.6). Sie stehen wieder mit beiden Beinen in Ihrem Leben, vielleicht noch ein wenig unsicher und wackelig, aber mit neu gewonnener Zuversicht und Zutrauen für die Zukunft. Die Beziehung zum Suchtkranken ist – in welcher Form auch immer – geklärt. Sie haben gelernt, sich besser abzugrenzen, aufgehört, ihn retten zu wollen, und sich von den zurückliegenden Strapazen weitgehend erholt. Sie haben darüber Zeit und Energie gewonnen. Dann kommt nun der zweite Teil der Lektion.

Ich schlage Ihnen vor, sich nun auch an die großen Themen Ihrer Selbstverwirklichung heranzuwagen. Das sind Themen, die sich gewöhnlich sehr zaghaft melden: »*Wenn seine Sucht nicht gewesen wäre, dann hätte ich gerne*«, »*Ich träume davon*« oder »*Ich wollte schon immer …*« Nur zu, trauen Sie sich zu träumen! Persönliche, soziale, berufliche, kulturelle, künstlerische Träume, alles ist erlaubt. Orientieren Sie sich beruflich neu oder bringen Sie Ihre Karriere voran. Leben Sie eine erfüllte Partnerschaft oder entdecken Sie, wie schön es sein kann, ungebunden zu sein. Realisieren Sie Ihren zurückgestellten Wunsch nach Kindern und Familie. Oder verwirklichen Sie sich im Hobby, im Sozialen, im Sport, im Reisen, in der Musik oder in der Kunst. Und schließlich steht Ihnen als Expertin der Angehörigenproblematik offen, sich hier zu engagieren, z. B. in der Selbsthilfe.

Aktion

Nehmen Sie sich Zeit, schieben Sie alle Denkverbote, Ängste oder Einwände zur Seite, entspannen Sie sich und träumen Sie. Hier ist ein wenig Platz dafür, dass Sie Ihre Wünsche und Träume notieren oder malen können.

6.8 Wenn die Angst vor Rückfällen Sie überfällt

Dieser Abschnitt geht davon aus, dass der Suchtkranke, dem Sie nahestehen, schon eine gewisse Zeit abstinent lebt und auf der sicheren Seite scheint. Kennen Sie die Situation, dass Sie urplötzlich und unerwartet die wohlbekannte alte und überwunden geglaubte Angst überfällt, dass er rückfällig sein oder werden könnte? Sie wissen nicht, warum Sie erschrecken, denn eigentlich läuft doch alles gut. Wie also das? Woher kommt die Angst? Sollten Sie Ihr Gefühlserleben ernst nehmen oder nicht?

Ich möchte Ihnen eine eindeutige Antwort geben: Trauen Sie Ihrem

Gefühl. Sie haben für seine Sucht feinste Antennen. Entweder ist er schon rückfällig, er ist kurz davor oder er ist verhaltensmäßig in einer Rückfallentwicklung. Vielleicht zweifeln Sie an Ihrem Erleben, immerhin hat er schon seit Jahren nicht mehr konsumiert. Doch es kann sein. Nehmen Sie Ihre Gefühle ernst und nutzen Sie die nächste Gelegenheit, um mit ihm zu reden und ihm Ihre Angst mitzuteilen, z. B. *»Ich möchte mit dir sprechen. Ich bin unsicher, wie es dir geht, und frage mich, ob du vielleicht rückfällig bist?«*

Klar bleiben. Gleichgültig, ob er rückfällig ist oder nicht, sind zwei Reaktionen seinerseits möglich. Zum einen kann er Ihre Ängste ernst nehmen. Bei einem abstinenten Suchtkranken, der ehrlich bestrebt ist, seine Abstinenz zu wahren, ist dies gewöhnlich der Fall. Er weiß, dass seine Umwelt feinfühlig auf eine Verhaltensrückfälligkeit reagiert, bevor es ihm selber bewusst wird. Im gemeinsamen Gespräch kann das, was schiefläuft, geklärt werden. Hat der Suchtkranke aber tatsächlich einen Ausrutscher und geht offen damit um, ist die Situation nicht verloren. Seine Offenheit ist die Grundlage dafür, dass er den Konsumvorfall sofort aufarbeiten kann und es ein einmaliger Vorfall bleibt. Seine Verantwortung ist es, Rückfallprophylaxe oder -bewältigung gewissenhaft zu betreiben. Für Sie ist es eine Bewährungschance, sich all das zu vergegenwärtigen, was Sie gelernt haben. Bleiben Sie möglichst klar und gelassen in Ihrer Haltung.

Zum anderen kann es allerdings auch sein, dass der Suchtkranke Ihre Angst nicht ernst nimmt, Sie ignoriert, sich über Ihre Sorgen sogar lustig macht oder gereizt reagiert. Eine solche Reaktion ist eindeutig. Entweder ist er rückfällig und lügt, oder er steht kurz davor, rückfällig zu werden. Oder aber es liegen ernsthafte Konflikte oder andere Probleme vor, die er nach bester Suchtmanier verleugnet. In diesem Fall gilt das Gesagte in verschärfter Form. Konzentrieren Sie sich auf sich und stellen Sie sich Ihrer Eigenverantwortung, nicht in alte coabhängige Muster zurückzufallen. Möglichkeiten und Strategien, wie Sie vorgehen und was Sie für sich unternehmen können, haben Sie gelernt. Wenden Sie sie möglichst konsequent an.

6.9 Lassen Sie das Unglück einer Suchtfamilie hinter sich

Sie sind in einer Suchtfamilie aufgewachsen? Sie dürfen gewiss sein: Sie haben überlebt und gleichgültig, was für Folgeschäden Sie erlitten haben, Sie lassen sich nicht unterkriegen.

Die meisten Kinder in unserer Zeit und unserem Land wachsen unter komfortablen und behüteten Bedingungen auf. Das Schicksal von Kindern suchtkranker Eltern ist trotz aller gesellschaftlicher Aufklärung und aller Bemühungen bedauerlicherweise immer noch ein nicht seltenes Phänomen. Ungefähr drei Millionen Kinder sind aktuell von mindestens einem suchtkranken Elternteil betroffen, und nach einer vagen Schätzung sollen ungefähr sechs Millionen der heutigen Erwachsenen in ihrer Kindheit das Schicksal erlitten haben. Die beträchtliche Zahl offenbart ein gesamtgesellschaftliches Versagen. Die Kinder leiden weiterhin trotz allem Wohlstand und Wissen und eines hoch differenzierten Gesundheits- und Hilfesystems. Indes tröstet die große Zahl auch in gewisser Weise, denn Sie sind als Betroffene nicht allein. Sie bilden eine Minderheit, die aber die Anzahl der Einwohner Berlins um fast das Dreifache übersteigt.

Durch Ihre biografischen Vorbelastungen und Prägungen sind Sie als Kind aus einer Suchtfamilie in Ihren co-abhängigen Risiken und Verstrickungen in einer Beziehung zu einem Suchtkranken viel stärker betroffen. Ihr Weg zurück ins Leben könnte daher länger und steiniger sein, dennoch können alle vorgestellten Maßnahmen und Strategien dieses Kapitels ebenfalls für Sie hilfreich sein. Aus der Erfahrung in der Arbeit mit erwachsenen Kindern aus Suchtfamilien möchte ich Ihnen vier weitere richtungsweisende Anregungen geben. – Haben Sie ein anderes Kindheitstrauma erfahren? Auch dann könnte dieser Abschnitt für Sie bedeutsam sein.

1. Resilienz – entdecken Sie den Huckleberry in sich

Kinder aus Suchtfamilien haben zwar ein erhöhtes Risiko für quasi alle psychischen, sozialen und kognitiven Probleme. Es ist jedoch eine bemerkenswerte und Hoffnung gebende Erkenntnis, dass viele von ihnen trotz widrigster Umstände und aus eigener Kraft ein zufriedenes Leben aufbauen können, ohne dass sie jemals Kontakt zum Hilfesystem aufnehmen. In der Fachsprache nennt man dieses Phänomen Resilienz. Alle bringen wir erstaunliche Ressourcen mit auf die Welt, auch in ungünstigen, sogar feindseligen Umgebungen zu überleben, groß zu werden und uns positiv zu entwickeln.

Der Arzt und Psychotherapeut Eckhard Schiffer (1999) hat in seinem ressourcenorientierten Präventionskonzept anhand der Romanfigur Huckleberry Finn des Mark Twain aufgezeigt, wie ein heranwachsendes Kind selbst unter schlimmsten familiären und gesellschaftlichen Zuständen eine gesunde Entwicklung nehmen kann. Eine Mutter hat Huckleberry nicht. Der Vater ist ein Trunkenbold, Herumtreiber und Raufbold und der schlechteste Vater, den man sich vorstellen kann. Dennoch geht Huckleberry unbeirrt und mit ganz viel Mut, Eigensinn, Phantasie und unbändigem Lebenswillen seinen Weg. Weder lässt er sich durch seinen süchtigen und gewalttätigen Vater noch von anderen zwar wohlmeinenden und sich verantwortlich fühlenden Erwachsenen unterkriegen oder bevormunden. Die Geschichte spielt vor dem Hintergrund der gespaltenen, amerikanischen Gesellschaft des 19. Jahrhunderts. So geht es auch in einer zweiten Geschichte des Buches, in der der Sklave Jim mithilfe von Huckleberry seinem furchtbaren Schicksal entflieht, um Werte von Unabhängigkeit, Freiheit und Streben nach Glück. Falls Sie das Buch nicht kennen: Die Lektüre lohnt sich. Entdecken Sie sich in den Figuren von Huckleberry und Jim wieder. In Ihnen steckt wie in den Romanfiguren alles, was Sie brauchen, sich zu befreien und Ihren Lebensweg zu finden. Darauf können Sie sich verlassen.

Aktion

Überlegen Sie bitte, auf welche drei bis fünf persönliche Ressourcen Sie sich in schwierigen Situationen stets verlassen können. Sollte Ihnen, was nicht unwahrscheinlich ist, da Sie eventuell nicht gewohnt sind, sich selber positiv zu betrachten, zunächst nichts einfallen, lassen Sie sich Zeit. Schlafen Sie über die Frage eine oder zwei Nächte. Auf jeden Fall werden Sie etwas finden. Sie können auch vertraute Personen fragen.

1.

2.

3.

4.

5.

2. Leben ist Spielen

Kinder und Jugendliche probieren sich als Person im Kontakt zu anderen spielerisch in Schutzräumen aus, vor allem in Elternhaus und Familie, aber auch in der Krabbelgruppe, auf dem Spielplatz, im Kindergarten, in der Schule, im Jugendzentrum oder im Sportverein. Als Kind aus einer Suchtfamilie mussten Sie womöglich viel zu früh, viel zu viel Verantwortung übernehmen und allein klarkommen. So mangelte es Ihnen wahrscheinlich an Schutzräumen und Sie hatten wenig Möglichkeiten zum lernenden Spielen.

Obgleich Sie die Zeit nicht zurückdrehen können, können Sie ein wenig von dem Verpassten nachholen. Es ist nie zu spät. Suchen Sie sich ersatzweise Schutzräume und spielen Sie. Sport, Musik, Kunst, Kultur, Hobbys, Abendschule, Reisen … Die Möglichkeiten sind endlos. Spielen ist eine freie und kreative Form, mit den eigenen Möglichkeiten und Grenzen zu experimentieren und Erfahrungen mit sich, anderen und der Welt zu sammeln als Grundlage für ein positives Selbstvertrauen.

3. Suchen Sie sich »Ersatzeltern«

Eltern können Sie sich nicht auswählen. Falls Sie tolle Eltern erwischt haben, ist das Glück. Falls Ihre Eltern »Mist« sind, z. B. weil sie suchtkrank und co-abhängig sind, haben Sie Pech gehabt und mussten trotzdem groß werden, Ihren Weg gehen und Ihren Platz im Leben finden. Klagen hilft wenig.

Ihre Eltern hatten für Sie als heranwachsendes Kind sicherlich vielfältige Funktionen. Ich möchte Sie nur auf eine wesentliche hinweisen. Ihre Eltern waren Vorbilder für Sie, zu fühlen, zu denken, zu sprechen und zu handeln. Sie haben Ihnen in einer komplexen Welt Orientierung, Sicherheit, Kontrolle und Halt gegeben – und zwar im Positiven wie auch im Negativen. Der Fall, dass Sie Ihre co-abhängigen und süchtigen Eltern als Vorbilder im Negativen genutzt haben, wurde oben ausführlich behandelt. Sie haben (co-)abhängiges Fühlen, Denken, Sprechen und Handeln von klein auf vermittelt bekommen und entsprechend ein erhöhtes Risiko, selber eine co-abhängige oder suchtkranke Entwicklung zu nehmen.

Es ist allerdings eine irrige Annahme, dass Sie auf Ihre Eltern als Bezugspersonen oder Vorbilder festgelegt waren. Als Vorbilder können Ihnen als Kind alle Menschen dienen, denen Sie vertrauen und zu denen Sie aufschauen, z. B. Großeltern, ältere Geschwister, Tanten oder Onkel, Nachbarn, Eltern von Freunden, Erzieher, Lehrer, Trainer, Idole oder auch Romanfiguren wie z. B. Huckleberry Finn. Kinder aus Suchtfamilien, die es schaffen, sich von den Eltern zu distanzieren und »Ersatzeltern« zu suchen, haben als Heranwachsende und Erwachsene eine gute Chance, einen erfolgreichen Lebensweg zu gehen (Resilienz). Zweifelsohne verlangt das von einem kleinen Kind viel Überwindung, Kraft und noch mehr Mut.

Vielleicht hatten Sie aber als Kind nicht diesen Mut, was nachvollziehbar und verständlich ist. Sie waren klein und ängstlich. Gleichgültig, wie blöd sich Ihre Eltern Ihnen gegenüber verhalten haben, Sie haben Ihre Eltern auch lieb gehabt und wollten ihnen helfen. Vielleicht haben Sie sie jedoch gehasst oder Sie waren zerrissen zwischen Liebe und Hass und haben darüber verpasst, sich andere, positive Vorbilder zu suchen. Diese Kindheitsgeschichte ist selbstverständlich nicht mehr zurückzudrehen.

Doch Ihre Situation heute ist eine andere. Als Erwachsene sind Sie nun in der Lage, Ihre Vorbilder selbst zu wählen. Sie haben also heute auf jeden Fall die Wahl, ob Sie weiter auf negative Vorbilder zurückgreifen oder sich neue, positive aneignen. Sie haben die Möglichkeit, sich dem negativen psychologischen Erbe Ihrer Eltern zu verweigern. Dafür brauchen Sie »Ersatzeltern«. Die Auswahl ist riesig, Sie müssen sich nur auf die Suche machen: Familienmitglieder, Freunde, ein Ausbilder, Arbeitskollegen, Ihr Vorgesetzter, Nachbarn, Berater oder Therapeuten, Romanfiguren, Schauspieler, Sportler, Politiker, Musiker, Philosophen, Schriftsteller … Ihrer Kreativität bei der Auswahl sind keine Grenzen gesetzt. Suchen Sie sich möglichst viele positive Vorbilder im Kleinen und im Großen.

4. Überwinden Sie Misstrauen, Alleinsein und Entfremdung

Eine Kindheit in einer Suchtfamilie prägt wie jede andere Kindheit auch für das Leben. Sie können die damit verbundenen Belastungen und Traumata verarbeiten, sie einordnen und integrieren und ihnen eine lebensbejahende Bedeutung geben und darüber Lebenskraft und -mut gewinnen. Es kann aber auch sein, dass Sie trotz aller Bemühungen und Anstrengungen bis tief ins Erwachsenenleben unter dem erfahrenen Unglück leiden. Immer wieder überwältigen Sie phasenweise negative, schmerzhafte und verletzte Gefühlszustände, oder phasenweise spüren Sie nur innere Leere und Teilnahmslosigkeit und fühlen sich fremd und außen vor. Sie haben den Eindruck, dass Sie, gleichgültig, wie Sie sich abstrampeln, auf der Stelle bleiben und Ihr ganzes Leben nur eine fortwährende Wiederholung ein und derselben schlimmen Kindheitserfahrung ist.

Sollten Sie unter einem solchen Posttrauma leiden, dann bitte lassen Sie sich helfen. Eine traumatische Verletzung überwinden Sie nie allein für sich. Vielmehr braucht es andere helfende Personen, denen Sie vertrauen und bei denen Sie sich sicher fühlen. Diese sollten einerseits für Sie da sein, Ihnen zuhören und Sie trösten, aber auch andererseits keine falsche Rücksicht nehmen, Ihnen Grenzen setzen, Sie aus Rückzug und Isolation herausholen und Sie ermutigen, sich dem Leben zu stellen. Da ein Posttrauma häufig mit Schamgefühlen, Unsicherheit, Misstrauen, Verschlossenheit oder Rückzug einhergeht, ist der Schritt schwierig, auf andere zuzugehen. Es kann sein, dass Sie in Ihrer Verschlossenheit selbst nahestehende Personen nicht an sich heranlassen. In diesem Fall sollten Sie unbedingt professionelle Hilfe bei einem auf Traumabewältigung spezialisierten Psychotherapeuten aufsuchen.

6.10 Wie Sie institutionelle Verstrickungen überwinden

Es wird hier nicht vertieft behandelt, aber es wurde Ihnen oben schon vorgestellt: Ganze Systeme können sich co-abhängig strukturieren, falls Sie einen Suchtkranken unter sich dulden, seine Sucht verheimlichen und seine Ausfälle kompensieren.

Was können Sie tun, wenn sich Ihre ganze Familie, ein ganzer Freundeskreis oder auf der Arbeitsstelle Ihr ganzes Team verstrickt haben? Es wurde Ihnen schon eine Reihe von Möglichkeiten, persönlich aktiv zu werden, benannt, die Ihnen auch in Fällen institutioneller Co-Abhängigkeit weiterhelfen. Zwei Strategien halte ich darüber hinaus für wesentlich, wenn Sie Teil eines (co-)abhängigen Systems sind:

1. *Verbündete:* Suchen Sie sich unbedingt Verbündete und gehen Sie gemeinsam vor.
2. *Abgrenzen:* Falls Sie keine Verbündeten finden, sparen Sie sich Ihr Engagement und distanzieren Sie sich.

1. Suchen Sie sich echte Verbündete

Es ist eine heikle Angelegenheit in einer Familie, die Sucht eines Familienmitglieds und auch die gegenseitigen Verstrickungen aufzudecken, wenn der Suchtkranke schon viele Jahre gedeckt wird. Ebenso brisant ist die Angelegenheit, wenn Ihre Arbeitsstelle betroffen ist und der Fall schon jahrelang vertuscht wird. Im ersten familiären Fall könnten Sie zum Buhmann erklärt und ausgeschlossen werden. Im zweiten, betrieblichen, Fall könnten Sie durch ein zu unverblümtes Vorgehen Ihre Position und Anstellung gefährden. Also bitte bewahren Sie Ruhe und suchen Sie sich echte Verbündete. An wen könnten Sie sich wenden? Wen sollten Sie besser nicht aufsuchen?

Fair und klar. In größeren Betrieben gibt es Betriebsräte oder sogar Suchtbeauftragte, die Sie ansprechen können. Falls Sie Vertrauen zu Ihrem Vorgesetzten haben, ist er ebenfalls ein geeigneter Ansprechpartner. Allein sind Sie schwach, aber gemeinsam sind Sie stark. Unterlassen Sie Alleingänge und preschen Sie bloß nicht vor. Informieren Sie sich gründlich. Es gibt in jedem guten Betrieb Vorschriften über den fairen und lösungsorientierten Umgang mit Sucht. Sprechen Sie sich mit Ihren Verbündeten in Ihrem Vorgehen genau ab und unterstützen Sie sich vorbehaltlos. Und haben Sie ein wenig Geduld. Sie werden nicht sofort erfolgreich sein. Der Suchtkranke wird sich wehren, das ist sein gutes Recht. Doch Sucht hat kurze Beine, denkt nur an heute, nicht an morgen und ist nicht beständig. Sie und Ihre Verbündeten sind dagegen in der Lage, langfristig zu planen und vorzugehen. Gleichgültig, wie Sie provoziert werden, bleiben Sie stets fair, aber klar in Ihren Positionen.

2. Distanzieren Sie sich

Sollten Sie keine Verbündeten finden, haben Sie keine große Chance, Veränderungen herbeizuführen. In diesem Fall akzeptieren Sie Ihre Ohnmacht und nehmen Sie bitte so viel Abstand, wie Ihnen möglich ist. Es gibt Suchtfamilien, in denen das Thema tabuisiert ist. Sobald Sie daran rühren, können Sie zur Zielscheibe von Verunglimpfungen und Anfeindungen werden, die unter die Gürtellinie gehen. In solchen Fällen lohnt die Auseinandersetzung nicht. Niemand wünscht Ihre Hilfe, nehmen Sie das nicht persönlich. Es hat mit Ihnen wenig zu tun, vielmehr ist es Ausdruck der Systemstörung. Ziehen Sie die richtigen Konsequenzen und sehen Sie zu, dass Sie sich distanzieren und schützen. Suchen Sie sich woanders echte Freunde, die Ihre Authentizität und Wahrhaftigkeit schätzen.

Sollten Sie in einem Team oder einem Betrieb arbeiten, in dem Vorgesetzte, Betriebsrat und alle Kollegen verstrickt sind, gilt das Gleiche. Machen Sie nicht auf Einzelkämpfer oder Märtyrer und akzeptieren Sie diese Hilflosigkeit. Sie haben keine Chance. Falls möglich, wechseln Sie die Abteilung oder suchen Sie sich einen neuen Arbeitgeber.

6.11 Werden Sie Multiplikator und helfen anderen Angehörigen

Wenn Sie Ihre Verstrickungen aufgelöst und überwunden haben, sind Sie Expertin für das Angehörigenthema. Sie sind sensibilisiert dafür, andere Betroffene zu erkennen, deren Grad der Verstrickung einzustufen und ihnen zu helfen. Ich möchte Sie allerdings an dieser Stelle warnen. Bevor Sie sich auf eine andere Betroffene stürzen, um ihr zu helfen, halten Sie bitte zunächst inne. Fragen Sie sich, ob und wie weit die andere Person wirklich offen für Hilfe ist. Und fragen Sie sich auch, ob Sie wirklich helfen wollen und wo die Grenzen Ihres Engagements und Ihrer Möglichkeiten sind. Denn alles, was in der Hilfe von Suchtkranken gilt und was Sie sich in jahrelanger, mühseliger und manchmal schmerzhafter Kleinarbeit angeeignet haben, gilt auch in der Unterstützung von verstrickten Angehörigen. Aber das wissen Sie aus der eigenen Erfahrung am besten.

7 Hilfe für hilflose Helfer

Wenn Helfer in ihrer Hilfe hilflos werden, hilft nur Hilfe für die hilflosen Helfer.

Co-Abhängigkeit hat viele Gesichter. Je nach Form der Betroffenheit und dem Ausmaß der Verstrickungen und den biografischen und aktuellen Lebensbelastungen benötigen Sie als Angehörige bedarfsgerechte und passgenaue Unterstützung, Beratung oder Therapie. Im Folgenden werden Ihnen verschiedene Möglichkeiten aufgezeigt, Hilfe in Anspruch zu nehmen. Die Tabelle 1 gibt Ihnen einen Überblick, welche fachlichen Angebote es in Bezug auf Ihre Mit-Betroffenheit gibt. Finden Sie sich in der Tabelle 1 wieder?

Vorweg möchte ich kritisch anmerken, dass unser modernes Suchthilfesystem zwar in Bezug auf die Suchtkranken und ihren Hilfebedarf hochgradig ausdifferenziert ist, Angehörige aber bis heute bedauerlicherweise eine untergeordnete Rolle spielen. In den letzten Jahren tut sich zaghaft etwas. Diese Entwicklungen kommen vorwiegend Kindern aus Suchtfamilien zugute. Das ist gut so, da Kinder am wehrlosesten und verwundbarsten sind. Nichtsdestotrotz mangelt es sozialpolitisch an einem formulierten Behandlungsauftrag, und dem Suchthilfesystem fehlt es an den notwendigen personellen Ressourcen, sich der Angehörigenproblematik angemessen zu widmen. Ob Sie für sich ein geeignetes Hilfeangebot vorfinden, ist daher stark abhängig von dem angehörigenzentrierten Engagement der vorhandenen Stellen vor Ort.

Tabelle 1: Hilfeangebote bei Verstrickungen und zusätzlichen Beeinträchtigungen

Betroffen als	zusätzlich	Möglichkeiten der fachlichen Hilfe
Partnerin		• Selbsthilfe • Suchtberatung
	co-abhängige, andere psychische Störung	• Psychotherapie • Psychosomatik
	Gewalt, Traumatisierung	• Frauenberatung, Frauenhaus • Notruf • Opferhilfe • Polizei • Anwalt • Traumatherapie
Eltern		• Selbsthilfe • Suchtberatung
	co-abhängige, andere psychische Störung	• Psychotherapie • Psychosomatik
Kind in Suchtfamilie, co-abhängige Bezugsperson		• Familien- und Jugendhilfe • Jugendamt • Erziehungsberatung • Suchtberatung, -prävention
	Verhaltensauffälligkeiten, Traumatisierung	• Kinder- und Jugendpsychotherapie
Erwachsenes Kind aus Suchtfamilie		• Selbsthilfe • Suchtberatung
	co-abhängige, andere psychische Störung	• Psychotherapie • Psychosomatik
	Traumafolgestörung	• Traumatherapie
Sonstige Angehörige, Freund, Nachbar		• Selbsthilfe • Suchtberatung
Arbeitskollege		• Suchtberatung • Betriebliche Suchtprävention • Betriebsrat
Professioneller Helfer (Suchthelfer, Therapeut, Arzt, Seelsorger, Pädagoge ...)		• Kollegiale Beratung, Supervision • Coaching • Suchtberatung
	co-abhängige, andere psychische Störung	• Psychotherapie • Psychosomatik

7.1 Familie und Freunde sind die besten Helfer

In den allermeisten Fällen werden Sie ausreichende Unterstützung und Hilfe in Ihrem nahen Umfeld finden. Vertraute Menschen, Familienangehörige, Freunde, Nachbarn, Arbeitskollegen oder auch ein Seelsorger, sind die besten Helfer. Entscheidend dabei ist es, dass die Personen, an die Sie sich wenden, sich solidarisch um *Sie* kümmern und nicht um den Suchtkranken. Auch ist es wichtig, dass Sie Ihre Helfer nicht coabhängig nutzen, nur um noch besser auf den Suchtkranken Einfluss zu nehmen. Es geht darum, dass *Sie für sich* liebevolle Aufmerksamkeit und Zuwendung erfahren.

7.2 Selbsthilfe – geteiltes Leid ist halbes Leid

Betroffene Angehörige, die ihre Schwierigkeiten überwunden haben, sind Experten der Thematik. Der Suchtbereich hat wie kein anderes psychosoziales Hilfesystem über viele Jahrzehnte eine vorbildhafte Selbsthilfe entwickelt. Traditionell arbeiten viele Selbsthilfegruppen nach dem 12-Schritte-Programm, doch gibt es heute auch andere Konzepte. Es gibt allgemeine Gruppen für Angehörige und auch spezielle Gruppen für Eltern suchtkranker Kinder oder auch für erwachsene Kinder aus Suchtfamilien.

Die Erkenntnis, dass Sie mit Ihren Problemen nicht allein auf der Welt sind, tröstet, und der Austausch mit anderen Betroffenen hat heilsame Qualitäten. Fragen Sie in den Suchtberatungsstellen vor Ort nach, schauen Sie in den örtlichen Adressenlisten nach oder richten Sie sich an die Selbsthilfeverbände. Und falls es bei Ihnen vor Ort noch keine Selbsthilfegruppe gibt, gründen Sie eine. Lassen Sie sich durch eine Beratungsstelle dabei helfen.

7.3 Professionelle Hilfe – welche ist die richtige für Sie?

Falls Ihnen Familie und Freunde trotz aller Bemühungen nicht helfen können, Sie sich unverstanden oder allein gelassen fühlen, es Ihnen an unterstützenden sozialen Bezügen mangelt oder Ihre persönliche Situation eskaliert ist, kann das Aufsuchen einer professionellen Stelle notwendig und hilfreich sein.

Suchtberatungsstellen – Kompetenzzentren in Bezug auf Abhängigkeit

Sucht- und Drogenberatungsstellen sind Kompetenzzentren in Bezug auf Abhängigkeitsprobleme und daher auch für Sie als verstrickte Angehörige die erste Wahl als Anlaufstelle. Es gibt sehr engagierte Beratungsstellen, die Einzelberatung oder Gruppen für Angehörige anbieten. Falls Sie nach fachlicher Hilfe suchen, rufen Sie in Ihrer Beratungsstelle an oder besuchen Sie die Sprechstunde. Auch in einer Lebensberatungsstelle oder Frauenberatungsstelle können Sie gegebenenfalls erfolgreich Hilfe erhalten.

Nach meinen Recherchen gibt es bedauerlicherweise noch viel zu viele Beratungsstellen, die dem Hilfebedarf der Angehörigen nicht die notwendige Aufmerksamkeit schenken. Sollten Sie also das Gefühl haben, dass Ihre persönlichen Probleme nicht gesehen und gewürdigt werden, sie gar nur benutzt werden, um Zugriff auf den Suchtkranken zu erhalten, suchen Sie bitte ein anderes Hilfeangebot auf.

Ambulante Psychotherapie – ein Solidarpartner ganz für Sie

Falls Leidensdruck und Beschwerden Sie in Ihrem täglichen Leben so sehr beeinträchtigen, dass Sie Ihre persönlichen, sozialen und beruflichen Aktivitäten und Interessen vernachlässigen, kann Ihnen eine ambulante Psychotherapie helfen. Der Schutzraum einer Einzeltherapie und die dort erfahrene Solidarität ermöglicht Ihnen, durchzuatmen, zu sich zu finden und Selbstwertgefühl aufzubauen. Der Psychotherapeut wird Sie empathisch und wertschätzend darin stärken und unterstützen, sich und Ihre Situation klarer wahrzunehmen, emotionale und soziale Kompetenzen zu entwickeln, Lebensmut und -zuversicht zurückzugewinnen und wieder selbstbestimmter zu werden.

Sollten Sie als Kind in einer Suchtfamilie aufgewachsen sein und im Erwachsenenalter eine Posttraumatische Belastungsstörung oder eine andere Traumafolgestörung wie Depressionen, Ängste oder psychosomatische Syndrome ausgebildet haben, ist der niedergelassene Psychotherapeut ebenfalls eine gute Adresse für Sie. Er wird Sie unterstützen, Leiden, Entfremdung und Isolation zu überwinden. Es gibt auf Traumabewältigung spezialisierte Psychotherapeuten.

Nicht jeder Psychotherapeut kennt sich in der Angehörigenproblematik aus. Fragen Sie vorher nach, ob der Behandler geeignet ist. In den sogenannten Probesitzungen zu Anfang können Sie überprüfen, ob Sie sich wohl und als Person und mit Ihrer Problematik verstanden und angenommen fühlen.

Psychosomatische Kur – Abstand tut gut

Wenn Sie zwanghaft vom Suchtkranken und dem Wunsch, helfen zu wollen, eingenommen sind, Ihnen zu Hause alles über den Kopf wächst, Sie sich mit der Bewältigung Ihres Alltags überfordert fühlen und Leidensdruck, Erschöpfung, Depressionen oder Ängste ins Unermessliche wachsen, dann hilft nur noch sehr viel Abstand. In einer psychosomatischen Rehabilitationsklinik können Sie, fern vom Suchtkranken und entlastet von Ihrer verfahrenen Lebenssituation, wieder zu Kräften kommen, einen klaren Kopf gewinnen und Ihre Entscheidungs- und Handlungsfähigkeit wiedererlangen.

Falls Sie als Kind in einer Suchtfamilie aufgewachsen sind und Sie nun als Erwachsene unter einem Posttraumatischen Belastungssyndrom oder einer anderen Traumafolgestörung leiden, stehen Ihnen des Weiteren auf Traumabewältigung spezialisierte Rehabilitationskliniken zur Verfügung. Lassen Sie sich durch eine Beratungsstelle oder einen Arzt Ihres Vertrauens beraten und bei der Vermittlung helfen.

Im Anschluss an eine (teil-)stationäre Maßnahme sollten Sie stets eine ambulante Psychotherapie oder Selbsthilfegruppe in Anspruch nehmen, um die erzielten Effekte in den Lebensalltag zu übertragen und zu festigen. In der stationären Maßnahme werden Sie über geeignete Folgemaßnahmen beraten.

Frauenberatung, Frauenhaus, Opferstellen, Notruf, Jugendamt, Polizei, Anwalt – zögern Sie nicht

Falls Sie oder auch Ihre Kinder psychischer oder physischer Gewalt durch einen Suchtkranken ausgesetzt sind, kann die Inanspruchnahme der aufgezählten Stellen unumgänglich werden, um sich und die Kinder zu schützen und einen noch größeren Schaden abzuwenden. Gewalt wiederholt sich und Schweigen und Passivität schützt nur den Täter. Um Ihrer selbst oder der Kinder willen zögern Sie bitte nicht, sich schnellstmöglich Hilfe zu holen. Es ist hilfreich, eine vertraute Person, z. B. ein Familienmitglied, eine Freundin oder einen Arzt, zu kontaktieren, die Sie dann begleitet und unterstützt. Weitere therapeutische Maßnahmen können erst greifen, wenn die Gewalt beendet ist.

7.4 Hilfen für Kinder und verstrickte Bezugspersonen

Dass Sie als Bezugsperson Ihre Verstrickungen überwinden, ist die beste Therapie für die Kinder. Kinder aus Suchtfamilien haben ein erhöhtes Risiko, später als Erwachsene selber eine Co-Abhängigkeit oder Sucht zu entwickeln. Die Kinder lernen aus der Entwicklung der Eltern. Deswegen seien Sie Ihren Kindern ein Vorbild und machen Sie den ersten Schritt, aktiv etwas zu verändern, sich zu befreien und Ihr Leben zurückzugewinnen. Ausschließlich unter dieser Voraussetzung kann es flankierend sinnvoll und hilfreich sein, auch den Kindern therapeutische Unterstützung zukommen zu lassen. Falls Sie sich als co-abhängige Bezugspersonen nicht bewegen, können alle kindbezogenen Maßnahmen nicht greifen und verpuffen im unheilvollen Strudel des (co-)abhängigen Familiensystems.

Suchtberatungs- und Suchtpräventionsstellen

In der letzten Zeit ist das Schicksal von Kindern aus Suchtfamilien immer mehr in den Mittelpunkt der fachlichen und öffentlichen Aufmerksamkeit getreten. Immer mehr Suchtberatungs- und Suchtpräventionsstellen bieten Gruppen für betroffene Kinder an, z. B. nach dem Präventionsprogramm *Trampolin* (http://www.projekt-trampolin.de). Die kindzentrierten Angebote sind zumeist integriert in ein Gesamtbehandlungskonzept, das auch Maßnahmen für die (co-)abhängig betroffenen Eltern beinhaltet. Diese präventiven Entwicklungen stehen noch ganz am Anfang, sind aber sehr zu begrüßen. Es dreht sich nicht mehr alles nur um den suchtkranken Symptomträger, vielmehr wird das familiäre System in den Fokus der therapeutischen Aufmerksamkeit gestellt. Bei den Kindern wird präventiv angesetzt, bevor »das Kind in den Brunnen gefallen ist«. Auch hat ein solches systemzentriertes Vorgehen den großen Vorteil, dass Hilfe unabhängig davon, ob der Suchtkranke eine Behandlung annimmt oder verweigert und seinen Konsum reduziert oder beibehält, gegeben wird und greifen kann. Fragen Sie in Ihrer Suchtberatungsstelle nach.

Jugendamt, Erziehungs- und Familienhilfe

Falls Sie sich verstrickt haben, können Sie sich nicht nur gegenüber dem Suchtkranken schlecht abgrenzen und durchsetzen, häufig haben Sie als Bezugsperson vielfältige Erziehungsschwierigkeiten. Vielleicht können Sie den Kindern (wie dem Suchtkranken) keine Grenzen setzen und sind zu nachgiebig. Sie haben das Gefühl, dass die Kinder Sie nicht ernst nehmen und Ihnen auf der Nase herumtanzen, und schaffen es nicht, konsequent zu sein. Ferner fragen Sie sich vielleicht, wie Sie die Ausfälle des Suchtkranken als Bezugsperson der Kinder ausgleichen können und sollen. Falls z. B. der Vater von Sucht betroffen ist, könnten Sie sich fragen, ob der Sohn in der Jugend nicht eine männliche Bezugsperson als Orientierung braucht?

Schließlich könnten Sie unter der verwickelten Problematik leiden, dass der Suchtkranke regelmäßig Ihre erzieherischen Bemühungen durchkreuzt, z. B. indem er die Kinder verwöhnt, ihnen alles erlaubt und nicht bereit ist, mit Ihnen in Erziehungsfragen verbindliche und einvernehmliche Absprachen zu treffen, z. B. »*Papa ist super toll und du bist blöd!*« oder, falls Sie als Partner bzw. Vater betroffen sind, »*Mama ist die Beste und du bist doof!*« Bei solchen und ähnlichen Fragen und Problemen können Sie das Jugendamt oder eine Erziehungs- oder Familienhilfe, die es in unserem Land flächendeckend gibt, kostenlos in Anspruch nehmen. Dort finden Sie Verbündete, die Sie solidarisch beraten und unterstützen werden.

Kinder- und Jugendpsychotherapeut

Das Aufwachsen in einer Suchtfamilie ist für ein Kind eine schlimme und nicht selten traumatische Belastung. In folgenden Fällen kann es sinnvoll sein, dass Sie mit Ihrem Kind zum Kinder- und Jugendpsychotherapeuten gehen:

1. Ihr Kind hat psychosoziale Auffälligkeiten entwickelt, die trotz all Ihrer Bemühungen nicht besser werden und die Sie überfordern.
2. Ihr Kind ist »auffällig unauffällig«. Es ist in Anbetracht des Alters ungewöhnlich ernsthaft, reif und verantwortungsvoll. Es spielt wenig, ist zu angepasst und kümmert sich viel zu sehr um Angelegenheiten Erwachsener. Sie und auch sonst niemand hat einen näheren Kontakt zum Kind.

Der Psychotherapeut wird kindgerecht, spielerisch einen vertrauensvollen Kontakt zum Kind aufbauen. Er wird dem Kind einen sicheren Schutzraum bieten, in Kontakt mit sich und dem eigenen Erleben zu treten und sich auszudrücken. Er wird mit dem Kind konkrete Lösungen und Strategien entwickeln, die emotionale Not zu verarbeiten, die Anforderungen des Alltags besser zu meistern und Stärke und Selbstvertrauen zu gewinnen. Darüber hinaus wird der Therapeut Sie beraten, was Sie für Ihr Kind tun können. Auch hier gilt allerdings, dass eine Therapie Ihres Kindes nur greifen kann, wenn Sie selber aktive Schritte zur Überwindung Ihrer Verstrickungen unternehmen.

8 Denn jedem Ende wohnt ein Anfang inne

Eine kleine Geschichte zum Schluss.

Die Frau, der Alkoholiker und die anderen

Die Frau sprach die Schwiegermutter auf die Alkoholprobleme ihres Mannes an. Die Schwiegermutter wurde ganz unruhig: »Du musst ihn verstehen und ihn nehmen, wie er ist. Er war schon als Kind vielfältig talentiert. Du musst für ihn da sein. Ich kann es nicht mehr. Er braucht eine Frau an seiner Seite, die auch mal zurückstecken kann. Er ist ja so empfindsam.«

Die beste Freundin, der sich die Frau offenbarte, erschrak furchtbar und entsetzte sich: »Trenn dich sofort! Was tust du dir an? Denk zuerst an dich. Ich habe dich immer für deine gelebte Unabhängigkeit bewundert.«

In einem psychologisch-pädagogischen Ratgeber las die Frau Folgendes: »Kinder brauchen Väter. Die Bedeutung der Väter für die emotionale und soziale Entwicklung der Kinder wurde viele Jahrzehnte lang unterschätzt. Väter sind bedeutsam für die Entwicklung von Selbständigkeit, Autonomie und Abenteuerlust. Obendrein brauchen Söhne ihren Vater als positives Modell zum Finden der Geschlechterrolle.«

Die Frau rief die eigene Mutter an, die sie beschwichtigte: »Kind, Probleme löst man gemeinsam. Da wirft man nicht gleich die Flinte ins Korn. Schau dir deinen Vater und mich an. Wir haben viele Krisen gemeinsam gemeistert und uns einiges zusammen erarbeitet.«

In der Suchtberatungsstelle, die die Frau aufsuchte, um sich beraten zu lassen, wurde ihr vermittelt: »Es kommt darauf an, dass er nach den lerntheoretischen Gesetzen von Verstärkung und Kontingenz dazu motiviert wird, den Konsum zu reduzieren und eine Therapie zu beginnen.«

Die Frau versuchte auch, mit einem alten Freund ihres Mannes zu sprechen. Er wiegelte ab: »Das Bier am Abend musst du uns schon gönnen. Wir sind richtige Kerle, und da gehört die Sause manchmal dazu. Sei froh, dass er kein Warmduscher ist.«

Die Schwester, die die Frau im Café traf, schnitt ihr unwirsch das Wort ab: »Das darfst du nicht sagen. Du trinkst ja auch mal ein Bier. Dann wären wir ja alle Trinker. Auch du und ich!«

In einer Selbsthilfegruppe, an der die Frau abends anonym teilnahm, wurde sie gelobt: »Gut, dass du kommst. Wir sind da alle schon durch. Du musst lernen, deine Ohnmacht zu akzeptieren. Du musst loslassen und aufhören, für ihn alles zu regeln, damit er lernen kann, für sich selber zu sorgen.«

Als die Frau es wagte, mit ihrem Mann selber zu sprechen, bekam sie zu hören: »Wenn du so zu mir bist, bleibt mir ja nichts anderes übrig, als zu saufen.« Dann suchte er türenschlagend das Weite.

Die Frau blieb allein zurück und wurde zornig, immer zorniger. Sie bebte vor Wut: »Egal wen ich frage, alle wissen es besser!«.

(frei nach »Der Esel, der Vater und der Sohn« von Nossrat Peseschkian)

Ein Resümee ganz zum Schluss: Allen recht getan ist eine Kunst, die niemand beherrscht. Es ist zum Scheitern verurteilt. Nutzen Sie Ihre Freiheit und handeln Sie so, wie *Sie* es für richtig halten.

9 Internetadressen für Angehörige

www.nacoa.de

NACOA Deutschland – Interessenvertretung für Kinder aus Suchtfamilien e.V.

www.bvek.org

Bundesverband der Elternkreise – Eltern helfen Eltern

www.al-anon.de

Al-Anon, Al-Ateen Familiengruppen – Selbsthilfe für Angehörige, Kinder und Freunde von Alkoholikern

www.freundeskreise-sucht.de

Freundeskreise für Suchtkrankenhilfe – Selbsthilfe für Suchtkranke und Angehörige

www.kreuzbund.de/angehoerige.html

Der Kreuzbund – Selbsthilfe- und Helfergemeinschaft für Suchtkranke und Angehörige

www.guttempler.de

Guttempler – Selbsthilfegemeinschaft alkoholfrei lebender Menschen, auch für Angehörige

www.blaues-kreuz.de

Blaues Kreuz – Suchthilfeverband suchtgefährdeter und suchtkranker Menschen sowie ihrer Angehörigen

www.arwed-nrw.de

Arbeitsgemeinschaft der Rheinisch-Westfälischen Elternkreise – Eltern und Angehörige stehen im Mittelpunkt

www.suchtundwendepunkt.de
Such(t)- und Wendepunkt e.V. – Verein für Kinder Suchtkranker in Hamburg

www.projekt-trampolin.de
Projekt Trampolin – Kinder aus suchtbelasteten Familien entdecken ihre Stärken

www.mamatrinkt.ch, www.papatrinkt.ch
Seite für Kinder und Jugendliche und Forum der Präventionsabteilung Sucht Schweiz

www.kidkit.de
Online-Projekt für Kinder und Jugendliche bei Gewalt, Sucht oder psychischen Krankheiten in der Familie

www.kindersuchthilfe.de
Stiftung Deutsche KinderSuchthilfe

www.fitkids-wesel.de
Kinderprojekt FITKIDS – Ein Programm für die praktische Arbeit von Drogen-, Gesundheits- und Jugendhilfe

www.kunst-gegen-sucht.de
Kunst gegen Sucht e.V. – Suchtprävention und Hilfsprojekte für Kinder aus Suchtfamilien

www.bag-kipe.de
Bundesarbeitsgemeinschaft »Kinder psychisch erkrankter Eltern«

www.eltern-sucht.de
Elternschaft und Sucht, Informationen und Vernetzung für Betroffene und Fachkräfte (GVS)

www.lwl.org/LWL/Jugend/lwl_ks
Suchtkoordinationsstelle LWL – u. a. spezielles präventives Programm für Eltern suchtgefährdeter Jugendlicher

www.dhs.de
Deutsche Hauptstelle für Suchtfragen e. V. – »Plattform« für fast alle Träger der ambulanten Beratung und Behandlung, der stationären Versorgung und der Selbsthilfe in Deutschland

Anhang

Aktion: Die kleine Pause und ich

Ich möchte Sie zu einer kleinen Achtsamkeitsübung einladen. Bitte beachten Sie, dass Sie die Übung erst ordentlich trainieren müssen, damit sich die gewünschte Wirkung entfalten kann. Ziel ist es, dass Sie sich entspannen, zu sich kommen und sich mit sich selber wohlfühlen. Bei den ersten Versuchen reicht es, wenn Sie die Schritte eins bis drei ausprobieren. Erst wenn Sie damit Sicherheit gewonnen haben, üben Sie den vierten und fünften Schritt. Sollten Sie emotional zu sehr aufgewühlt sein, wird die Übung nicht funktionieren. Das ist nicht schlimm. Erst wenn Sie sie sicher beherrschen, werden Sie sie auch in schwierigen Situationen nutzen können. Schließen Sie die Übung immer mit Schritt sechs ab.

1. *Machen Sie es sich gemütlich.* Sorgen Sie dafür, dass Sie für ca. 15 bis 30 Minuten ungestört bleiben. Schalten Sie das Telefon aus. Legen Sie Uhr und anderen störenden Schmuck bitte ab und lockern Sie enge Kleidungsstücke. Nehmen Sie in Ihrem Lieblingssessel Platz, legen Sie sich auf Ihr Sofa oder auf einen kuscheligen Teppich. Schließen Sie die Augen.
   Bitte schieben Sie Ihre Sorgen beiseite. Machen Sie sich bewusst, dass in den nächsten 15 bis 30 Minuten nichts passieren wird und Sie nichts tun müssen. Entspannen Sie Ihre Muskeln und fühlen Sie die angenehme Schwere Ihres Körpers. Sollten Gedanken Sie in Ihrer Aufmerksamkeit stören, dann registrieren Sie sie bitte, lassen sie aber auch wieder ziehen. Stellen Sie sich vor, Ihre Gedanken seien Wolken am blauen Himmel, die kommen und wieder davonziehen. Lassen Sie Ihre Gedanken kommen und gehen, wie die Wolken am Himmel kommen und gehen.
2. *Beobachten Sie Ihren Atem.* Gehen Sie bitte mit Ihrer freundlichen Aufmerksamkeit zu Ihrem Atem. Versuchen Sie nicht, Ihren Atem zu beeinflussen, vielmehr beobachten Sie nur, wie Ihr Atem ganz von allein ein- und ausströmt. Nehmen Sie zur Kenntnis, wie Sie atmen: wie tief, wie langsam, wie ruhig und regelmäßig? Beobachten Sie Ihren Atem, wie er

in Mund, Hals, Brust und Bauch ein- und ausströmt und wie er bei jedem Atemzug Brust und Bauch hebt und senkt – ganz von allein.
Als Verstärkung des strömenden Gefühls können Sie sich vorstellen, dass Ihr Atem wie eine Meereswelle ist, wenn sie ans Ufer kommt und wieder geht. Die Welle kommt, Sie atmen ein, und die Welle geht, Sie atmen aus. Konzentrieren Sie sich bitte besonders auf das angenehme Gefühl, wenn Sie ausatmen. Mit jedem Ausatmen strömen Schwere und Entspannung in Ihren Körper. Bleiben Sie einige Minuten bei dem Gefühl.

3. *Beachten Sie die kleine Pause.* Wenn Sie Ihren Atem aufmerksam beobachten, dann werden Sie feststellen, dass Sie nach dem Ausatmen eine kleine Pause machen. Sie atmen ein, Sie atmen aus, dann machen Sie eine kleine Pause. Die Pause kann ganz kurz sein, kann aber auch, wenn Sie richtig entspannt sind, einige Sekunden dauern. Versuchen Sie nicht, die kleine Pause zu verlängern, sondern beobachten Sie sie mit freundlicher Aufmerksamkeit und spüren Sie die angenehme Ruhe, die sie begleitet. Sie atmen ein, atmen aus, und dann macht Ihr Atem eine kleine Pause.
Zur Verstärkung dürfen Sie sich wieder die Meereswellen vorstellen. Wie Ihr Atem kommen die Wellen, gehen wieder, und dann macht das Meer eine kleine Pause, bis die nächste Welle kommt, und immer so weiter. Bleiben Sie einige Minuten bei der Betrachtung.
4. *Eins werden.* Nun möchte ich Ihnen vorschlagen, dass Sie sich vorstellen, mit jeder kleinen Pause tiefer in Sessel, Sofa oder Boden zu versinken. Versuchen Sie nicht, das Gefühl zu erzwingen. Es es ist nicht schlimm, wenn es sich nicht einstellt. Lassen Sie los und lassen Sie es ganz von allein passieren. Mit jeder kleinen Pause breitet sich die angenehme Schwere aus, versinken Sie immer tiefer und werden nach und nach eins mit Sofa, Sessel oder Boden. Sie atmen ein, Sie atmen aus, und in der kleinen Pause versinken Sie immer tiefer. Bleiben Sie einige Minuten bei dem Gefühl.
5. *Ich mag mich.* Falls Sie das angenehme Gefühl haben, mit Sessel, Sofa oder Boden eins zu sein, möchte ich Ihnen vorschlagen, in die kleine Pause hinein »Ich« zu denken. Sie atmen ein, atmen aus, die kleine Pause kommt, Sie fühlen sich angenehm schwer und denken das kleine

Wort »Ich«. Auch jetzt zwingen Sie sich bitte zu nichts. Lassen Sie es mit freundlicher Aufmerksamkeit geschehen: Ein – aus – ich, ein – aus – ich, ein – aus – ich, immer wieder. Genießen Sie einige Minuten Ihr »Ich«.
Zum Schluss dürfen Sie, falls Sie mögen, das »Ich« ergänzen, z. B. »Ich mag mich!« oder »Ich bin in Ordnung!«, oder eine andere Formulierung der Eigenliebe suchen. Denken Sie Ihren Satz während der kleinen Pause. Genießen Sie das innerlich wärmende Gefühl des Sich-selber-Mögens.

6. *Nehmen Sie sich zurück.* Kommen Sie bitte mit Ihrer Aufmerksamkeit wieder in den Raum zurück, atmen Sie einige Male kräftig ein und aus, recken und strecken Sie sich, spannen Sie Ihre Muskeln an und öffnen Sie Ihre Augen.
   Nehmen Sie das angenehme Gefühl, mit sich im Reinen zu sein, mit in den restlichen Tag.

Literatur

Der Ratgeber basiert auf meinem Konzept der Co-Abhängigkeit und deren Behandlung (Flassbeck, 2013 a, 2013 b, 2010). Weitere lesenswerte Bücher zur vertieften Beschäftigung möchte ich Ihnen empfehlen. Die Auswahl ist nach dem Kriterium getroffen, ob die Bücher angehörigenzentriert sind, also Sie als Angehörige im Fokus der Aufmerksamkeit stehen. Die Bücher sind absteigend nach dem Erscheinungsjahr der Erstausgabe geordnet.

Barnowski-Geiser, W. (2015). *Vater, Mutter, Sucht. Wie erwachsene Kinder suchtkranker Eltern trotzdem ihr Glück finden können.* Stuttgart: Klett-Cotta.

Flassbeck, J. (2013 a). ER statt ICH. Symptome, Ursachen und Entwicklung der Co-Abhängigkeit. *Gesprächspsychotherapie und Personzentrierte Beratung, 44 (2)*, S. 93–100.

Flassbeck, J. (2013 b). ICH statt ER. Leitlinien der personzentrierten Therapie der Co-Abhängigkeit. *Gesprächspsychotherapie und Personzentrierte Beratung, 44 (4)*, S. 207–214.

Flassbeck, J. (2010). *Co-Abhängigkeit. Diagnose, Ursachen und Therapie für Angehörige von Suchtkranken.* Stuttgart: Klett-Cotta.

Hansen, B., Hansen, F. & Lahme, G. (2010). *Das Ende war der Anfang. Ein Mutmachbuch für Eltern von Kindern, die Drogen nehmen.* Lüdenscheid: Blaukreuz.

Barnowski-Geiser, W. (2009). *Hören, was niemand sieht. Kreativ zur Sprache bringen, was Kinder und Erwachsene aus alkoholbelasteten Familien bewegt.* Neukirchen-Vluyn: Semnos.

Zobel, M. (Hrsg., 2008). *Wenn Eltern zu viel trinken. Hilfen für Kinder und Jugendliche aus Suchtfamilien.* Bonn: BALANCE.

Schmalz, U. (2007). *Das Maß ist voll. Für Angehörige von Alkoholabhängigen.* Bonn: BALANCE.

Zobel, M. (2006). *Kinder aus alkoholbelasteten Familien. Entwicklungsrisiken und -chancen.* Göttingen: Hogrefe.

Klein, M. (2005). *Kinder und Jugendliche aus alkoholbelasteten Familien. Stand der Forschung, Situations- und Merkmalsanalyse, Konsequenzen.* Regensburg: Roderer.

Berke, S. (2004). *Familienproblem Alkohol. Wie Angehörige helfen können.* Baltmannsweiler: Schneider.

Trojak-Künne, G. (2003). *Wenn ich nicht will, dann will ich nicht. Begleitung einer Sucht.* Oldenburg: Schardt.

Kolitzus, H. (2000). *Ich befreie mich von deiner Sucht. Hilfen für Angehörige von Suchtkranken.* München: Kösel.

Schiffer, E. (1999). *Warum Huckleberry Finn nicht süchtig wurde. Anstiftung gegen Sucht und Selbstzerstörung bei Kindern und Jugendlichen.* Weinheim: Beltz.

Schuckit, M. A., Tipp, J. E. & Kelner, E. (1994). Are daughters of alcoholics more likely to marry alcoholics. *American Journal of Drug an Alcohol Abuse, 20*, 237–245.

Lambrou, U. (1990). *Familienkrankheit Alkoholismus. Im Sog der Abhängigkeit.* Reinbek bei Hamburg: Rowohlt.

Rennert, M. (1989). *Co-Abhängigkeit. Was Sucht für die Familie bedeutet.* Freiburg i. B.: Lambertus.

Mellody, P. (1989). *Verstrickt in die Probleme anderer. Über Entstehung und Auswirkung von Co-Abhängigkeit.* München: Kösel.

Mellody, P. (1989). *Wege aus der Co-Abhängigkeit. Ein Selbsthilfebuch.* München: Kösel.

Beattie, M. (1987). *Die Sucht, gebraucht zu werden.* München: Heyne.

Schaef, A. W. (1986). *Co-Abhängigkeit. Die Sucht hinter der Sucht.* München: Heyne.

Jellouschek, H. (1985). *Ich liebe dich, weil ich dich brauche. Der Froschkönig.* Zürich: Kreuz Verlag.

Woititz, J. G. (1983). *Um die Kindheit betrogen. Hoffnung und Heilung für erwachsene Kinder von Suchtkranken.* München: Kösel.

Wegscheider, S. (1981). *Another Chance – Hope and Health for the Alcoholic Family*. Paolo Alto: Science and Behavior Books.
Schmidbauer, W. (1977). *Hilflose Helfer. Über die seelische Problematik der helfenden Berufe*. Hamburg: Rowohlt.
Twain, M. (1884). *Huckleberry Finns Abenteuer*. Zürich: Diogenes.

Der Film »Zoey« des Medienprojekts Wuppertal (2015) gibt einen beeindruckenden Einblick in die Lebenswelt und das emotionale Erleben von betroffenen Jugendlichen. Das Drama »Ein Teil von uns« der ARD (2016) schildert auf sehr differenzierte, realistische und eindringliche Art und Weise von dem Schicksal eines erwachsenen Kindes einer alkoholkranken Mutter. Die Hauptrolle Nadja wird durch die Schauspielerin Brigitte Hobmeier mit beeindruckendem Feingefühl gespielt und verkörpert. Aber Vorsicht! Der Film geht unter die Haut.